赴外教师汉语教材
Chinese Textbook for Overseas Chinese Programs

Basic Sentences of Spoken Chinese

汉语口语
基本句（准中级）

Lower-Intermediate

下册
Volume 2

李禄兴 主编

北京语言大学出版社
BEIJING LANGUAGE AND CULTURE UNIVERSITY PRESS

图书在版编目(CIP)数据

汉语口语基本句. 准中级. 下册 / 李禄兴主编. —北京：北京语言大学出版社，2010.12（2015.9 重印）
ISBN 978-7-5619-2921-6

Ⅰ.①汉… Ⅱ.①李… Ⅲ.①汉语—口语—对外汉语教学—教材 Ⅳ.①H195.4

中国版本图书馆 CIP 数据核字（2010）第 228657 号

书　　名：	汉语口语基本句（准中级）下册
责任印制：	汪学发

出版发行：**北京语言大学出版社**

社　　址：	北京市海淀区学院路 15 号　　邮政编码：100083
网　　址：	www.blcup.com
电　　话：	发行部　82303650/3591/3651
	编辑部　82303647
	读者服务部　82303653
	网上订购电话　82303908
	客户服务信箱　service@blcup.com
印　　刷：	北京联兴盛业印刷股份有限公司
经　　销：	全国新华书店

版　　次：	2010 年 12 月第 1 版　2015 年 9 月第 2 次印刷
开　　本：	710 毫米×1000 毫米　1/16　印张：17.25
字　　数：	267 千字
书　　号：	ISBN 978-7-5619-2921-6/H·10305
定　　价：	42.00 元

凡有印装质量问题，本社负责调换。电话：82303590

使用说明

一、适用对象

《汉语口语基本句（准中级）》是一套口语教材，适用于学过 500~800 个词语、掌握了基本日常会话的汉语学习者。学完本教材，学习者可以运用 2000~3000 个汉语词，进行日常生活交际和一般的话题表达。该教材适用于海外的汉语长期班和短期班教学。

二、使用建议

教材分为上、下两册，每册 12 课。建议每课 2~4 课时，每周完成一课，一册可使用 12~14 周。每课由三段对话课文、生词、语言点注释、口语基本句、口语格式、练习和相关词汇几部分构成。每 6 课后设有一套综合练习题，可作为期中和期末测试题使用，也可作为学生复习资料使用。

三、教材特点

1. 适合海外学制的课程设计。本教材分为上、下两册，每册 12 课。海外大学的教学周期多为 12~14 周，汉语短期班多为 10~12 周。这样正好一个学期或者一个短期周期学习一册，使学生获得最大限度的学习成就感。

2. 自然、真实的口语语料。本教材课文口语完全模拟真实生活场景，且承接初级口语教学，仍然以短句为主，强调实用性。尤其在每课中，强调了"口语基本句""口语格式"等，以突出口语特点。

3. 合理的生词数量和课文长度。本教材每篇课文的生词量控制在 10~15 个。每课由三篇小对话组成，每篇对话的句子在 15 个左右，便于学生学习使用。

4. 以旧带新，逐渐提高。本教材的一些话题，是在初级基础上拟定的，三篇课文中，有一篇以复习巩固以前所学内容为主，另两篇适当增加难度。学生既有似曾相识的感觉，又会觉得新鲜，符合学习者的学习规律。

5. 符合西方"集约式"学习词汇的特点。通过对比西班牙语、法语教材及进行相关学生调查,发现学生更喜欢集中学习"聚合类"词语。因此,本教材每课后附有相关词汇,使学生能够运用相同的句型,表达更多的内容。

6. "口语基本句""口语格式"易于学生记忆和模仿。这两部分都是非常常见的口语句子和句式,通过学习和课后练习,很容易掌握和运用,有助于帮助学习者达到脱口而出的学习效果。

7. 最新的中国背景。现在中国社会生活发生了巨大变化,本教材注重展现新事物、新变化。比如现在乘坐公共汽车刷磁卡、北京新建了很多奥运场馆等等,这些都在教材中有所体现。

四、编写过程

2006年9月,编者受国家汉办派遣,到爱尔兰都柏林大学孔子学院任教。苦于缺少适合当地汉语教学特点的教材,尤其是缺少入门以后的准中级汉语教材,因此编者在原有国家汉办项目《标准汉语口语》(初级)的基础上,征得汉办同意,进行了较大的变动和改造。最初参加该项目的人员有王瑞、赵万勋、蔡永强、王改改、宣丽娟等。后来,姚敏、刘礼权、李旺斌、姜君蕾等不同程度地参与了修改和完善工作,王瑞为该书作了翻译。本教材曾在中国人民大学、北京大学、爱尔兰都柏林大学孔子学院等院校试用过多次。

感谢北京语言大学出版社为本教材的出版所做的努力。对外汉语教育事业部苗强主任对本教材提出了很多很好的建议,编辑王轩为本教材的出版付出了辛勤的劳动,在此一并致谢!

如果您在教材使用过程中有什么意见和建议,或者发现教材的任何疏忽,请不吝指出。您可以直接与我们联系,邮箱:lluxing@163.com。

编者
于爱尔兰都柏林大学

Instructions for Use

Target Group

Basic Sentences of Spoken Chinese (Lower-Intermediate) is intended for the students who have learned 500–800 Chinese words and have mastered basic daily conversations in Chinese. After learning the textbook, students will be able to express themselves in daily life conversations on some general topics with 2000–3000 Chinese words. This textbook is suitable for long-term or short-term Chinese training programs overseas.

Suggestions

This textbook is divided into two volumes, each consisting of 12 lessons. It is suggested that 2–4 class hours each week are used for each lesson and 12–14 weeks for one volume. Each lesson contains three Texts, New Words, Notes on Grammar, Basic Sentences, Oral Patterns, Exercises, Useful Words and Expressions. A set of comprehensive exercises is offered after every six lessons, which can be used as the mid-term and end-term exams or supplementary learning materials for students to review the lessons.

Features of This Textbook

1. Suitable for school system overseas. This textbook is divided into two volumes, Volume 1 and Volume 2, each consisting of 12 lessons. Most of the school term of the universities overseas is of 12–14 weeks, and most of the short-term Chinese courses are of 10–12 weeks. So each volume is suitable for the teaching of one semester, which best meets the students' needs.

2. Providing authentic and natural spoken language materials. Spoken language used in the texts simulates authentic life situations, and it mainly consists of short sentences to emphasize practicability. The characteristics of oral Chinese are especially displayed in the Basic Sentences and Oral Patterns of each lesson.

3. Proper number of new words and length of texts. New words are limited to 10 to 15 in each lesson. Each lesson is composed of three brief dialogues with about 15 sentences in each.

4. Progressing gradually by reviewing the old before learning the new. Some topics selected in this textbook are of elementary level of proficiency. One of the three dialogues focuses on reviewing and consolidating what have been learned before and the degree of difficulty is properly increased in the other two. As a result, the teaching materials are both familiar and fresh to students, which are in conformity to the law of learning.

5. Conforming to the characteristics of the intensive learning of vocabulary in Western countries. By studying some Spanish and French textbooks as well as investigating among some students, we found that students prefer intensive learning of aggregated words. Therefore, "Useful Words and Expressions" is provided at the end of each lesson, with which students can say more with the same sentence patterns.

6. Basic Sentences and Oral Patterns easy for students to remember and imitate. These two parts consist of commonly used sentence structures and patterns easy for students to master. Through repetitive practice inside and outside the class, students will be able to use these structures and patterns freely.

7. Providing the latest Chinese background information. Keeping pace with the great changes occurred recently in Chinese social life, this textbook brings as many updates as possible. For example, words and expressions related to swiping magnetic cards while taking a bus and newly built Olympic stadiums in Beijing are introduced.

Compilation Process of This Textbook

This textbook originated from a textbook titled *Standard Spoken Chinese* (*Elementary*), a project of Hanban (the Chinese Language Council International) that the compiler was working on. Sent by Hanban, the compiler has been teaching Chinese in the Confucius Institute of Dublin University in Ireland since September 2006. Because of lacking textbooks suitable for teaching Chinese with local characteristics, especially lacking lower-intermediate Chinese textbooks following elementary ones, the compiler made many changes to *Standard Spoken Chinese* (*Elementary*), having been approved by Hanban. Wang Rui, Zhao Wanxun, Cai Yongqiang, Wang Gaigai, Xuan Lijuan, etc. initially participated in the compilation of this textbook. And later, Yao Min, Liu Liquan, Li Wangbin, Jiang Junlei, etc. contributed to the revision and perfection of this textbook. Wang Rui also translated it into English. After the compilation was completed, this textbook has been tried out several times in Renmin University of China, Beijing University and UCD Confucius Institute of Ireland.

We would like to express our gratitude to Beijing Language and Culture University Press, which has made great efforts in publishing this textbook. Our thanks go to Mr. Miao Qiang, the Director of the Department of Chinese Language Education for Foreigners, for offering many wonderful suggestions. And we would also like to express our thanks to the editor of this textbook Wang Xuan, for her hard work in editing this textbook.

If you have any comments or suggestions related to this book, or if there are any mistakes, please contact us. The compiler is available at lluxing@163.com.

The Compiler
University College Dublin

目录 Contents

课数	课题	语言点
1	一起去酒吧，怎么样 What about going to a bar together	……极了 V+了+数量+了 就是
2	我的护照丢了 I lost my passport	"把"字句 连……都/也…… 连动词 来着
3	我买了个"笔记本" I bought a laptop	能愿动词（可以、能、应该、想、要） 正反疑问句
4	咱们边吃边聊 Let's chat while eating	好 是……还是…… 时量补语
5	天气预报怎么说 What did the weather forecast say	都 再 动词/形容词+得+形容词/动词/小句

口语基本句		口语格式	页码
1. 这个周末怎么过？ 2. 几点见面？ 3. 先来两杯啤酒。 4. 别拿我开玩笑了。	5. 别光说话，干一杯！ 6. 上周末怎么过的？ 7. 到时候给我打电话吧。	1. ……多的是。 2. 让你这么一说，…… 3. 我怎么知道…… 4. 可……了！ 5. 别光……	1
1. 什么时候回来的？ 2. 怎么了？出什么事了？ 3. 我把护照丢了。	4. 昨晚干什么来着？ 5. 用不着记了。	1. 好在…… 2. 连……都…… 3. V来着 4. 这么说……	18
1. 是什么牌子的？ 2. 真不错！ 3. 你去哪儿？	4. 别提了！ 5. 几点关门？	1. 我还以为…… 2. 为什么不…… 3. 别是……了吧。	34
1. 路上堵吗？ 2. 还可以。 3. 时间不早了。	4. 不了。 5. 请留步。 6. 有时间再来玩儿。	1. V了，V了 2. 刚……不久 3. 怕…… 4. 没什么……	48
1. 我把这事给忘了。 2. 天气预报怎么说？ 3. 这鬼天气！	4. 谁也说不准。 5. 那好啊。 6. 那说好了。	1. 都……还不（没）…… 2. V+什么呀！ 3. 说……就……	64

课数	课题	语言点
6	你最近好像总是不高兴 You always seem unhappy these days	白+V 不/没有……不行 难道 V+回来

综合练习题（一） Comprehensive Exercises（Ⅰ）

课数	课题	语言点
7	我在喝减肥茶 I've been drinking slimming tea	一直 怪不得 倒不是……，而是…… 有时……，有时……
8	我也想养只宠物 I want to keep a pet, too	比如说 V着也是V着 倒（副词）
9	你在哪儿过的年 Where did you celebrate the Spring Festival	"V+上/不上" 量词重叠 免不了

口语基本句		口语格式	页码
1. 我现在很烦。 2. 说真的。 3. 不会吧?	4. 时间是挤出来的。 5. 天啊! 6. 漂亮什么呀?	1. 看来…… 2. 不是……吗? 3. 这样的话,…… 4. 无认如何……都/也……	80
			95
1. 告诉你一个好方法吧。 2. 干吗不早告诉我啊? 3. 管用吗?	4. 明天有事吗? 5. 我们开始吧。 6. 你注意安全啊!	1. 看不出来,你还…… 2. 才……就…… 3. 怪不得……	101
1. 路上堵车,来晚了。 2. 那多不好意思啊。 3. 我得走了。	4. 真是太谢谢你了! 5. 以后常联系吧。 6. 这你就外行了。 7. 闲着也是闲着,……	1. 有什么……的? 2. 如果……的话,…… 3. A是A,就是……	116
1. 还没准儿呢。 2. 可不是嘛。 3. 这样啊。	4. 太危险了! 5. 这倒是个好主意。 6. 过得怎么样?	1. 大概……吧。 2. ……呀,……呀,…… 3. 说实话…… 4. ……不说,还…… 5. 别提多……了!	133

课数	课题	语言点
10	婚礼真热闹呀 How bustling the wedding is	离合词 ……着呢 一来……，二来……
11	穿西服，系领带 Wearing suits and ties	V+不了 什么
12	北京的天变蓝了 The sky in Beijing has turned blue	在……呢 反正 拿……来说

综合练习题（二） Comprehensive Exercises（Ⅱ）

词语索引 Index of Vocabulary

部分练习参考答案 Answer Key to Some of the Exercises

口语基本句		口语格式	页码
1. 这是我们的一点儿心意。 2. 祝你们白头偕老! 3. 有情人终成眷属。	4. 请随意。 5. 失陪了。 6. 真热闹呀! 7. 再考虑考虑吧。	1. 真……呀! 2. 又……，又……，还…… 3. 干脆……吧。	149
1. 我觉得很有个性嘛。 2. 这就不用你操心了。 3. 真拿你没办法。 4. 你看你。	5. 好吧，听你的。 6. 可以这么说。 7. 原来是这样。	1. 就算……也…… 2. 你真是…… 3. 原来是这样，我说……怎么……	165
1. 不是吧! 2. 我错了，还不行吗? 3. 糟糕!	4. 那该多好啊! 5. 我相信会有那么一天的。	1. 正因为……才…… 2. ……还不行吗? 3. ……，那该多好啊! 4. 只要……就……	179

199

222

词类、词汇等级简称表
Abbreviations

1	名	名词	noun
2	代	代词	pronoun
3	动	动词	verb
4	形	形容词	adjective
5	数	数词	numeral
6	量	量词	measure word
7	副	副词	adverb
8	介	介词	preposition
9	连	连词	conjunction
10	助	助词	particle
11	叹	叹词	interjection
12	甲	《汉语水平词汇与汉字等级大纲》（下简称《大纲》）中对应的甲级词汇 Vocabulary Level 1 of *Outline of HSK Vocabulary and Chinese Characters* (abbreviated as *Outline*)	
13	乙	《大纲》中对应的乙级词汇 Vocabulary Level 2 of the *Outline*	
14	丙	《大纲》中对应的丙级词汇 Vocabulary Level 3 of the *Outline*	
15	丁	《大纲》中对应的丁级词汇 Vocabulary Level 4 of the *Outline*	

一起去酒吧，怎么样
Yìqǐ Qù Jiǔbā, Zěnmeyàng

What about going to a bar together

1

1. 这个周末怎么过？
   Zhège zhōumò zěnme guò?

2. 几点见面？
   Jǐ diǎn jiànmiàn?

3. 先来两杯啤酒。
   Xiān lái liǎng bēi píjiǔ.

4. 别拿我开玩笑了。
   Bié ná wǒ kāi wánxiào le.

5. 别光说话，干一杯！
   Bié guāng shuōhuà, gān yì bēi!

6. 上周末怎么过的？
   Shàng zhōumò zěnme guò de?

7. 到时候给我打电话吧。
   Dào shíhou gěi wǒ dǎ diànhuà ba.

第一课 一起去酒吧，怎么样
Yìqǐ Qù Jiǔbā, Zěnmeyàng
What about going to a bar together

生词一 New Words One

1	周末	zhōumò	名	丙	weekend
2	哦	ò	叹	丙	oh, aw
3	提起	tíqǐ	动		to mention, to speak of
4	详细	xiángxì	形	乙	detailed, in detail
5	有意思	yǒu yìsi		甲	interesting, fascinating
6	极	jí	副	乙	extremely, very
7	公里	gōnglǐ	量	甲	kilometer
8	出租车	chūzūchē	名		taxi
9	碰头	pèngtóu(r)	动		to meet

专名 Proper Noun

三里屯　　Sānlǐtún(r)　　name of an area of the Chaoyang District, Beijing, containing many popular bars, streets and stores intended for foreigners

1 一起去酒吧,怎么样

课文一　Text One

比　尔：这个周末怎么过?
保　拉：还没想好,你呢?
比　尔：我呀,玩儿的地方多的是。最近,又发现了一个好地方。
保　拉：什么好地方?
比　尔：三里屯,去过吗?
保　拉：哦——在英国的时候,一个朋友提起过,但当时没详细问。
比　尔：有意思极了,我已经去了三次了。
保　拉：让你这么一说,我还真想去看看。
比　尔：如果真想去,我可以陪你一起去。
保　拉：离我们这儿远吗?
比　尔：不太远。大概20公里,坐出租车半个多小时就能到。
保　拉：今天星期五,晚上怎么样?
比　尔：好啊。几点见面?
保　拉：8点半学校东门碰头,行吗?
比　尔：可以。不见不散啊!

Bǐ'ěr: Zhège zhōumò zěnme guò?

Bǎolā: Hái méi xiǎnghǎo, nǐ ne?

Bǐ'ěr: Wǒ ya, wánr de dìfang duō de shì. Zuìjìn, yòu fāxiànle yí ge hǎo dìfang.

Bǎolā: Shénme hǎo dìfang?

Bǐ'ěr: Sānlǐtúnr, qùguo ma?

Bǎolā: Ò——zài Yīngguó de shíhou, yí ge péngyou tíqǐguo, dàn dāngshí méi xiángxì wèn.

Bǐ'ěr: Yǒu yìsi jí le, wǒ yǐjīng qùle sān cì le.

Bǎolā: Ràng nǐ zhème yì shuō, wǒ hái zhēn xiǎng qù kànkan.

Bǐ'ěr: Rúguǒ zhēn xiǎng qù, wǒ kěyǐ péi nǐ yìqǐ qù.

Bǎolā: Lí wǒmen zhèr yuǎn ma?

Bǐ'ěr: Bú tài yuǎn. Dàgài èrshí gōnglǐ, zuò chūzūchē bàn ge duō xiǎoshí jiù néng dào.

Bǎolā: Jīntiān xīngqīwǔ, wǎnshang zěnmeyàng?

Bǐ'ěr: Hǎo a. Jǐ diǎn jiànmiàn?

Bǎolā: Bā diǎn bàn xuéxiào dōngmén pèngtóur, xíng ma?

Bǐ'ěr: Kěyǐ. Bú jiàn bú sàn a!

生词二 New Words Two

#					
1	杯	bēi	名	甲	cup
2	待	dāi	动	乙	to idle away
3	摇滚乐	yáogǔnyuè	名		big beat, rock 'n' roll
4	好听	hǎotīng	形	乙	pleasant to hear, melodious
5	响	xiǎng	动	甲	to make a sound, to ring
6	光	guāng	副	乙	only
7	干杯	gānbēi	动	乙	to drink a toast
8	外国	wàiguó	名	甲	foreign country
9	马上	mǎshàng	副	甲	at once, immediately, right away
10	放松	fàngsōng	动	丙	to relax

一起去酒吧,怎么样

课文二 Text Two

服务员：二位要什么？

比　尔：先来两杯啤酒。

保　拉：这地方真不错，你应该早点儿告诉我。

比　尔：我怎么知道你喜欢来这种地方？你学习那么努力。

保　拉：别拿我开玩笑了。上个周末，一个人在宿舍待着，可没意思了！

比　尔：这儿的摇滚乐很好听吧？

保　拉：不错，音乐一响，好像什么都忘了。

比　尔：来来来，别光说话，干一杯！

保　拉：干杯！

比　尔：（对服务台）小姐，再来两杯啤酒！

保　拉：这儿外国人还挺多的。

比　尔：对。哪个国家的人都有。我们去跳一会儿舞吧。

保　拉：你去吧，我在这里等你。

比　尔：那好，你在这儿等着，我去跳一会儿，马上回来。

保　拉：去放松放松吧。

Fúwùyuán: Èr wèi yào shénme?

Bǐ'ěr: Xiān lái liǎng bēi píjiǔ.

Bǎolā: Zhè dìfang zhēn búcuò, nǐ yīnggāi zǎo diǎnr gàosu wǒ.

Bǐ'ěr: Wǒ zěnme zhīdao nǐ xǐhuan lái zhè zhǒng dìfang? Nǐ xuéxí nàme nǔlì.

Bǎolā: Bié ná wǒ kāi wánxiào le. Shàng ge zhōumò, yí ge rén zài sùshè dāizhe, kě méi yìsi le!

Bǐ'ěr: Zhèr de yáogǔnyuè hěn hǎotīng ba?

Bǎolā: Búcuò, yīnyuè yì xiǎng, hǎoxiàng shénme dōu wàng le.

Bǐ'ěr: Lái lái lái, bié guāng shuōhuà, gān yì bēi!

Bǎolā: Gānbēi!

Bǐ'ěr: (Duì fúwùtái) Xiǎojie, zài lái liǎng bēi píjiǔ!

Bǎolā: Zhèr wàiguó rén hái tǐng duō de.

Bǐ'ěr: Duì. Nǎge guójiā de rén dōu yǒu. Wǒmen qù tiào yíhuìr wǔ ba.

Bǎolā: Nǐ qù ba, wǒ zài zhèli děng nǐ.

Bǐ'ěr: Nà hǎo, nǐ zài zhèr děngzhe, wǒ qù tiào yíhuìr, mǎshàng huílai.

Bǎolā: Qù fàngsōng fàngsōng ba.

生词三　New Words Three

1	酒吧	jiǔbā	名		bar, pub
2	上学	shàngxué	动	甲	to be at school
3	毕业	bìyè	动	乙	to graduate, to finish school
4	热闹	rènao	形	乙	(of a scene) bustling with noise and excitement, lively
5	交往	jiāowǎng	动	丁	to associate, to contact

一起去酒吧,怎么样 **1**

6	等等	děng děng			and so on, etc.
7	多么	duōme	副	甲	to what extent, how
8	有时候	yǒu shíhou		甲	sometimes
9	曾经	céngjīng	副	乙	once, ever

专　名　Proper Nouns

| 1 | 日本人 | Rìběnrén | Japanese |
| 2 | 韩国人 | Hánguórén | Korean |

课文三　Text Three

老　师：上个周末怎么过的?
比　尔：和朋友一起去酒吧了。
老　师：哪里的酒吧?
比　尔：三里屯。老师,您去过吗?
老　师：上学的时候经常去,毕业以后没有时间去了。现在那儿怎么样?
比　尔：很热闹,就是外国人太多了,我想跟中国人交往。
老　师：那里也有不少中国人啊,还有日本人、韩国人等等。
比　尔：是的。老师喜欢喝酒吗?
老　师：谈不上多么喜欢,有时候喝一点儿。
比　尔：您喜欢那儿的啤酒吗?

老　师：喜欢，去年我和我们班的学生曾经在那儿喝过。

比　尔：我也很喜欢那儿的啤酒，下个周末我们一起去吧。

老　师：好啊。到时候给我打电话吧。

比　尔：太好了！

Lǎoshī: Shàngge zhōumò zěnme guò de?

Bǐ'ěr: Hé péngyou yìqǐ qù jiǔbā le.

Lǎoshī: Nǎli de jiǔbā?

Bǐ'ěr: Sānlǐtúnr. Lǎoshī, nín qùguo ma?

Lǎoshī: Shàngxué de shíhou jīngcháng qù, bìyè yǐhòu méiyǒu shíjiān qù le. Xiànzài nàr zěnmeyàng?

Bǐ'ěr: Hěn rènao, jiù shì wàiguórén tài duō le, wǒ xiǎng gēn Zhōngguórén jiāowǎng.

Lǎoshī: Nàli yě yǒu bù shǎo Zhōngguórén a, hái yǒu Rìběnrén, Hánguórén děng děng.

Bǐ'ěr: Shì de. Lǎoshī xǐhuan hē jiǔ ma?

Lǎoshī: Tán bu shàng duōme xǐhuan, yǒu shíhou hē yìdiǎnr.

Bǐ'ěr: Nín xǐhuan nàr de píjiǔ ma?

Lǎoshī: Xǐhuan, qùnián wǒ hé wǒmen bān de xuésheng céngjīng zài nàr hēguo.

Bǐ'ěr: Wǒ yě hěn xǐhuan nàr de píjiǔ, xià ge zhōumò wǒmen yìqǐ qù ba.

Lǎoshī: Hǎo a. Dào shíhou gěi wǒ dǎ diànhuà ba.

Bǐ'ěr: Tài hǎo le!

一起去酒吧,怎么样 **1**

语言点注释 Notes on Grammar

1. 有意思极了。 Very interesting.

"……极了"是程度补语,表示程度深。例如:

"极了" is a complement of degree, indicating an extremely high degree. For example:

看见老朋友,我高兴极了。

那个地方好玩儿极了。

这个服装市场的衣服便宜极了,你快去看看吧。

2. 我已经去了三次了。 I have been there three times.

"V+了+数量+了"表示到目前为止动作延续或重复的量,句中常用"已经"。例如:

"V+了+ quantity +了" indicates the quantity of a continuative or repetitive action. "已经" is often used in such a sentence. For example:

我已经来了三年多了。

我学习汉语已经学了两年了。

这本书我已经看了四遍了。

3. 很热闹,就是外国人太多了。 It's bustling. However, there are too many foreigners.

"就是",连词。表示转折关系。例如:

The conjunction "就是" is used to indicate a change of mood or a turn in the course of events. For example:

那儿的衣服很便宜,就是有的质量不太好。

那儿风景很好,就是人太多了。

这个手机样子和颜色都不错,就是贵了点儿。

9

口语 基本句 Basic Sentences

1. Zhège zhōumò zěnme guò?
   这个周末怎么过？ What's your plan for this weekend?

2. Jǐ diǎn jiànmiàn?
   几点见面？ When shall we meet?

3. Xiān lái liǎng bēi píjiǔ.
   先来两杯啤酒。 Two beers first, please.

4. Bié ná wǒ kāi wánxiào le.
   别拿我开玩笑了。 Don't make fun of me.

5. Bié guāng shuōhuà, gān yì bēi!
   别光说话，干一杯！ Let drink and talk, cheers!

6. Shàng zhōumò zěnme guò de?
   上周末怎么过的？ How did you spend your last weekend?

7. Dào shíhou gěi wǒ dǎ diànhuà ba.
   到时候给我打电话吧。 Call me then.

口语 格式 Oral Patterns

1. ……多的是。

   玩儿的地方　　　　多的是。
   这种花儿
   会打乒乓球的人
   这本书还

一起去酒吧，怎么样 **1**

2. 让你这么一说，……

　　让你这么一说，我还真想去看看。
　　　　　　　　我都不想去旅游了。
　　　　　　　　他比谁都聪明。

3. 我怎么知道……

　　我怎么知道　你喜欢来这种地方？
　　　　　　　　他在想什么？
　　　　　　　　他长什么样子？

4. 可……了！

	可	没意思	了！
他	可	高兴	了！
他家		大	
广州离北京		远	
张老师的课		有意思	

5. 别光……

　　别光　说话，干一杯！
　　　　站着，大家找个座位坐下吧。
　　　　喝酒，多吃点儿菜。
　　　　坐着，我们去跳个舞吧。

一、根据课文回答问题，然后连成一段话 Answer the following questions according to the texts, and then connect your answers into a paragraph

（一）1. 保拉以前知道三里屯吗？她去过吗？
2. 比尔觉得三里屯怎么样？他去了几次了？
3. 三里屯离学校远不远？
4. 他们要一起去，打算几点见面？

（二）1. 来到三里屯以后，保拉觉得怎么样？
2. 保拉上个周末干什么了？
3. 三里屯酒吧的摇滚乐怎么样？

（三）1. 比尔觉得三里屯怎么样？
2. 老师去过三里屯的酒吧吗？
3. 老师去年曾经在三里屯干什么？
4. 下个周末他们决定去三里屯了吗？

二、根据课文内容填空 Fill in the blanks based on the texts

这个周末怎么过呢？比尔和保拉决定去（　　）。比尔已经去了三（　　）了，觉得有意思（　　）了。三里屯离他们的学校不太远，（　　）出租车半个多小时（　　）能到。他们晚上8点半在东门（　　）。

在三里屯的酒吧里，他们先要了两（　　）啤酒，后来（　　）要了两（　　）。保拉觉得这地方很不错，她上周末一个人在宿舍，觉得很（　　）。后来，比尔去（　　）了。

下课的时候，老师问比尔上周末（　　）。比尔说和朋友（　　）去三里屯酒吧了。老师原来也很喜欢去酒吧，（　　）的时候常常去，

12

但是（　　）以后就没有那么多时间了。老师说，去年他（　　）和他们班的学生在三里屯喝酒。他们说下周末一起去那儿，到时候，比尔（　　）老师打电话。

三、按照要求完成下面的任务　Finish the following tasks as instructed

(一) 把下面的词语连成句子　Make sentences with the words given

1. 衣服　商店　极了　便宜　的　周末　时候　的
2. 已经　南方　了　去　三次　了　我
3. 怎么　我　他　喜欢　不　这样　知道　地方　的
4. 南方　好　的　中国　很　气候　下雨　就是　太　多　了
5. 朋友　已经　美国　在　我　的　了　三年　了　住
6. 酒吧　知道　去　我　了　他　怎么　呢
7. 植物园　北京　好玩儿　就是　好玩儿　是　太　人　多
8. 漂亮　雨后　香山　极了　的

(二) 根据上下文完成对话　Complete the dialogues according to the contexts

1. A：那个地方有意思极了，我已经去了三次了。
   B：_____，我还真想去看看。

2. A：你上个周末怎么过的？
   B：_____，哪儿也没去。

3. A：三里屯离我们这儿远不远？
   B：不太远，坐公共汽车_____。

4. A：这么有意思的地方，为什么不早告诉我？
   B：_____呢？

5. A：你觉得这件怎么样？
   B：颜色和样子都可以，就是_____。

6. A：昨天晚上你们去什么地方了？

　　B：_____。

四、用本课的"口语基本句"完成对话 Complete the following dialogues with the Basic Sentences of this lesson

1. A：_____？

　　B：还没决定呢。你呢？

2.（在酒吧里）

　　A：请问您二位要什么？

　　B：_____。

3. A：_____？

　　B：太没意思了，哪儿也没去。

4. A：下周日一起去游泳怎么样？

　　B：好啊，_____。

5. A：_____？

　　B：8点整怎么样？

6. A：听说，上次喝酒比赛你赢了。没想到你这么能喝酒！

　　B：_____。

7. A：_____。

　　B：来，干杯！

五、用本课的"口语格式"完成对话 Complete the following dialogues with the Oral Patterns of this lesson

1. A：你们书店还有这本书吗？

　　B：_____。

2. A：_____。

　　B：好，这菜真好吃！

3. A：你应该昨天来，今天我们要开会。

   B：_____。

4. A：苏州的园林（yuánlín gardens）真漂亮啊！

   B：_____。

5. A：汉字很难吗？

   B：是啊，_____！

六、角色练习　Role play

1. 你和同屋商量这个周末怎么过。
2. 告诉你的朋友上个周末你是怎么过的。

七、请你说一说　Please talk about the following topics

1. 去酒吧一定要喝酒吗？
2. 你喜不喜欢去酒吧？你喜欢什么样的夜生活（yè shēnghuó night life）？为什么？
3. 在你的国家你和朋友一般怎么过周末？
4. 你们聚会的时候喜欢喝什么？你知道中国人聚会时一般喜欢喝什么吗？

相关词语 Useful Words and Expressions

红葡萄酒	hóng pútaojiǔ	red wine
白葡萄酒	bái pútaojiǔ	white wine
威士忌	wēishìjì	whisky
伏特加	fútèjiā	vodka
咖啡	kāfēi	coffee
橙汁	chéng zhī(r)	orange juice
苹果汁	píngguǒ zhī(r)	apple juice
西红柿汁	xīhóngshì zhī(r)	tomato juice
醉	zuì	to be drunk
喝醉	hēzuì	to get drunk
醉酒	zuì jiǔ	drunk
酗酒	xùjiǔ	to drink excessively
酒鬼	jiǔguǐ	drunkard
酒后驾车	jiǔ hòu jià chē	to drive after drinking
酒量	jiǔliàng	capacity for liquor
猜拳	cāiquán	to play a finger-guessing game (while drinking)
酒令	jiǔlìng	drinkers' wager game
头晕	tóuyūn	dizzy, faint
酒精	jiǔjīng	alcohol
过敏	guòmǐn	allergy

1 一起去酒吧,怎么样

呕吐	ǒutù	to vomit
醉话	zuìhuà	boozy talk
爵士音乐	juéshì yīnyuè	jazz
乐队	yuèduì	band
演奏	yǎnzòu	to play (music)

Wǒ de Hùzhào Diū le
我的护照丢了
I lost my passport

2

Shénme shíhou huílai de?
1. 什么时候回来的?

Zěnme le? Chū shénme shìr le?
2. 怎么了? 出什么事了?

Wǒ bǎ hùzhào diū le.
3. 我把护照丢了。

Zuó wǎn gàn shénme láizhe?
4. 昨晚干什么来着?

Yòng bu zháo jì le.
5. 用不着记了。

第二课　我的护照丢了
Wǒ de Hùzhào Diū le
I lost my passport

生词一　New Words One

1	奇怪	qíguài	形	乙	odd, strange, weird
2	公安局	gōng'ānjú	名		police station, public security bureau
3	小心	xiǎoxīn	动/形	乙	to be careful, to be cautious; careful
4	丢	diū	动	甲	to lose
5	好在	hǎozài	副	丁	fortunately, luckily
6	当地	dāngdì	名	乙	locality, place mentioned
7	证明	zhèngmíng	动/名	乙	to prove, to testify; proof
8	机票	jīpiào	名		plane ticket
9	补	bǔ	动	乙	to fill up, to supply, to make up for
10	派出所	pàichūsuǒ	名	丁	local police station
11	挂失	guàshī	动		to report the loss of sth.
12	驻	zhù	动	丙	to be stationed, to be posted
13	使馆	shǐguǎn	名		embassy
14	领馆	lǐngguǎn	名		consulate
15	签证	qiānzhèng	名/动	丁	visa

| 16 | 出入境 | chū-rù jìng | | (of a country) entry and exit |
| 17 | 管理处 | guǎnlǐchù | 名 | administration office, management agency |

专　名　Proper Noun

西安　　　Xī'ān　　　the capital city of Shaanxi Province, known as one of the oldest cities in Chinese history

课文一　Text One

马　丁：什么时候回来的？

比　尔：昨天下午。

马　丁：奇怪，昨天下午我给你打了几次电话，为什么都没人接？

比　尔：别提了。那会儿我不在宿舍，去公安局了。

马　丁：怎么了？出什么事了？

比　尔：我在西安不小心把护照丢了。

马　丁：早就告诉你要小心。那你怎么回来的？

比　尔：好在我有学生证，去当地公安局开了一个证明。

马　丁：如果没有证明，大概连机票都买不上。

比　尔：可不是。

马　丁：那怎么补办护照啊？

比　尔：先到公安局或者派出所挂失，然后去驻华使馆或领馆补办。

2 我的护照丢了

马　丁：签证呢？
比　尔：带着证明到公安局出入境管理处补办。

Mǎdīng: Shénme shíhou huílai de?
Bǐ'ěr: Zuótiān xiàwǔ.
Mǎdīng: Qíguài, zuótiān xiàwǔ wǒ gěi nǐ dǎle jǐ cì diànhuà, wèi shénme dōu méi rén jiē?
Bǐ'ěr: Biétí le. Nà huìr wǒ bú zài sùshè, qù gōng'ānjú le.
Mǎdīng: Zěnme le? Chū shénme shìr le?
Bǐ'ěr: Wǒ zài Xī'ān bù xiǎoxīn bǎ hùzhào diū le.
Mǎdīng: Zǎo jiù gàosu nǐ yào xiǎoxīn. Nà nǐ zěnme huílai de?
Bǐ'ěr: Hǎozài wǒ yǒu xuéshēngzhèng, qù dāngdì gōng'ānjú kāile yí ge zhèngmíng.
Mǎdīng: Rúguǒ méiyǒu zhèngmíng, dàgài lián jīpiào dōu mǎi bu shàng.
Bǐ'ěr: Kě bu shì.
Mǎdīng: Nà zěnme bǔ bàn hùzhào a?
Bǐ'ěr: Xiān dào gōng'ānjú huòzhě pàichūsuǒ guàshī, ránhòu qù zhù Huá shǐguǎn huò lǐngguǎn bǔ bàn.
Mǎdīng: Qiānzhèng ne?
Bǐ'ěr: Dàizhe zhèngmíng dào gōng'ānjú chū-rù jìng guǎnlǐchù bǔ bàn.

生词二　New Words Two

1	急救	jíjiù	动		first aid, emergency treatment
2	厉害	lìhai	形	乙	terrible, awful
3	病人	bìngrén	名	乙	patient, sick person

4	症状	zhèngzhuàng	名	丙	symptom (of an illness)
5	描述	miáoshù	动	丁	to describe, to characterize
6	肚子	dùzi	名	乙	belly, abdomen
7	疼	téng	形	甲	painful
8	趴	pā	动	丙	to lie on one's stomach
9	流	liú	动	甲	(of liquid) to flow
10	汗	hàn	名	乙	sweat, perspiration
11	位置	wèizhi	名	乙	position
12	电影院	diànyǐngyuàn	名	乙	cinema, movie theater
13	旁边	pángbiān	名	甲	side, beside, next to
14	救护车	jiùhùchē	名		ambulance

专 名 Proper Nouns

| 1 | 五道口 | Wǔdàokǒu | name of a neighborhood in the Haidian District of northwest Beijing |
| 2 | 新天地 | Xīntiāndì | name of a bar |

课文二 Text Two

医　院：您好！这里是120急救中心。

比　尔：喂，我们这儿有个朋友生病了，病得很厉害。

2 我的护照丢了

医　院：病人什么症状？您能简单描述一下吗？
比　尔：他肚子疼，趴在地上，站不起来，不停地流汗。
医　院：请问您在什么位置？
比　尔：我们在五道口电影院旁边的酒吧里。
医　院：酒吧叫什么名字？
比　尔：新天地酒吧。
医　院：好，您不要太着急，我们的救护车马上过去。
比　尔：谢谢。你们快点儿啊。

Yīyuàn: Nín hǎo! Zhèli shì yāo èr líng jíjiù zhōngxīn.

Bǐ'ěr: Wèi, wǒmen zhèr yǒu ge péngyou shēngbìng le, bìng de hěn lìhai.

Yīyuàn: Bìngrén shénme zhèngzhuàng? Nín néng jiǎndān miáoshù yíxià ma?

Bǐ'ěr: Tā dùzi téng, pā zài dìshang, zhàn bu qǐlái, bùtíng de liú hàn.

Yīyuàn: Qǐngwèn nín zài shénme wèizhi?

Bǐ'ěr: Wǒmen zài Wǔdàokǒu Diànyǐngyuàn pángbiān de jiǔbā li.

Yīyuàn: Jiǔbā jiào shénme míngzi?

Bǐ'ěr: Xīntiāndì jiǔbā.

Yīyuàn: Hǎo, nín búyào tài zháojí, wǒmen de jiùhùchē mǎshàng guòqu.

Bǐ'ěr: Xièxie. Nǐmen kuàidiǎnr a.

生词三　New Words Three

1	餐厅	cāntīng	名	乙	dining hall
2	昨	zuó	名		yesterday, the past
3	来着	láizhe	助		used at the end of an affirmative sentence
4	严重	yánzhòng	形	乙	serious
5	紧急	jǐnjí	形	丙	emergent
6	其实	qíshí	副	丙	in fact
7	回去	huíqu	动	甲	to go back, to return
8	联网	liánwǎng	动		to hook up to the network, to be availale online
9	遇到	yùdào	动	甲	to run into, to encounter, to meet
10	其中	qízhōng	名	乙	among (which, them, etc.); in (which, it, etc.)

课文三　Text Three

(在餐厅)

马　丁：昨晚干什么来着，打电话也不接？
比　尔：一个朋友生病了。
马　丁：怎么了？严重吗？

2 我的护照丢了

比 尔：肚子疼，挺严重的。

马 丁：送医院了吗？现在怎么样了？

比 尔：打120急救电话，去了医院。

马 丁：我只知道紧急电话是110，怎么还有120啊？

比 尔：其实这样的紧急电话还有很多。

马 丁：回去后你都告诉我，我要把这些号码记下来。

比 尔：用不着记了，这些电话现在都已经联网了，遇到紧急情况时，打其中的一个就行。

马 丁：这么说，我只记住110就可以了？

比 尔：是啊。

(Zài cāntīng)

Mǎdīng: Zuó wǎn gàn shénme láizhe, dǎ diànhuà yě bù jiē?

Bǐ'ěr: Yí ge péngyou shēngbìng le.

Mǎdīng: Zěnme le? Yánzhòng ma?

Bǐ'ěr: Dùzi téng, tǐng yánzhòng de.

Mǎdīng: Sòng yīyuàn le ma? Xiànzài zěnmeyàng le?

Bǐ'ěr: Dǎ yāo èr líng jíjiù diànhuà, qùle yīyuàn.

Mǎdīng: Wǒ zhǐ zhīdao jǐnjí diànhuà shì yāo yāo líng, zěnme hái yǒu yāo èr líng a?

Bǐ'ěr: Qíshí zhèyàng de jǐnjí diànhuà hái yǒu hěn duō.

Mǎdīng: Huíqu hòu nǐ dōu gàosu wǒ, wǒ yào bǎ zhèxiē hàomǎ jì xialai.

Bǐ'ěr: Yòng bu zháo jì le, zhèxiē diànhuà xiànzài dōu yǐjīng liánwǎng le, yùdào jǐnjí qíngkuàng shí, dǎ qízhōng de yí ge jiù xíng.

Mǎdīng: Zhème shuō, wǒ zhǐ jìzhu yāo yāo líng jiù kěyǐ le?

Bǐ'ěr: Shì a.

语言点注释 Notes on Grammar

1. 不小心把护照丢了。 I lost my passport by accident.

"把"字句的类型之一。表示确定的事物因动作发生了某种变化,并产生了某种结果。例如:

This is one type of "把" sentence. It is used to indicate a change of a particular thing as a result of an action. For example:

刚才他出去把垃圾扔了。

我昨天在教室学习的时候把字典丢了。

看到孩子把房间打扫干净了,妈妈很高兴。

2. 连机票都买不上。 I can hardly buy a plane ticket.

"连……都/也……"表示强调。"连机票都买不上",意味着"更不用说坐飞机回来了"。例如:

The structure "连……都/也……" is used for emphasis. The fact "连机票都买不上 (I can hardly buy a plane ticket)" stresses "更不用说坐飞机回来了 (not to say to go back by plane)". For example:

他连汉字"马"都不认识。

我连北京都没去过。

你怎么连110都不知道啊!

3. 带着证明到公安局出入境管理处补办。 Go to the Division of Entry and Exit Administration of the Public Security Bureau with the certificate and have your vise re-issued.

连动句。句中至少有两个动词,在动作上有时间的先后。例如:

A serial-verb sentence contains at least two verbs indicating two or more actions take place in sequence. For example:

我的护照丢了 2

我们一起去三里屯喝酒好吗？

我想明天去西单买衣服。

他吃完饭后给妈妈打了个电话。

4. 昨晚干什么来着？　What did you do last night?

"来着"，助词。用在句末，表示曾经发生过什么事情。例如：
The auxiliary word "来着" is used at the end of a sentence, indicating something happened in the past. For example:

他刚才还在这儿来着。

三天前我还看见他来着。

昨天晚上我们聊天儿来着。

口语 基本句　Basic Sentences

Shénme shíhou huílai de?
1. 什么时候回来的？　　　　When did you come back?

Zěnme le? Chū shénme shìr le?
2. 怎么了？出什么事了？　　What's up? What happened?

Wǒ bǎ hùzhào diū le.
3. 我把护照丢了。　　　　　I've lost my passport.

Zuó wǎn gàn shénme láizhe?
4. 昨晚干什么来着？　　　　What did you do last night?

Yòng bu zháo jì le.
5. 用不着记了。　　　　　　You don't need to remember it.

口语 格式　Oral Patterns

1. 好在……

   好在　我有学生证，去当地公安局开了一个证明。
   　　　　我认识路，找到家了。
   　　　　我会说汉语，可以问路。

2. 连……都……

   如果没有证明，大概　**连**　机票　　　**都**　买不上。
   他　　　　　　　　　　　一句汉语　　　 不会说。
   他身上　　　　　　　　　一分钱　　　　 没有了。

3. V 来着

   昨晚干什么　**来着**，　打电话也不接？
   我洗衣服　　　　　　没听见电话响。
   那时候我开会　　　　什么都没听见。

4. 这么说……

   这么说，我只记住110就可以了？
   　　　　你早就知道我是谁了。
   　　　　你没参加下午的会？

我的护照丢了 **2**

练习 Exercises

一、根据课文回答问题，然后连成一段话 Answer the following questions according to the texts, and then connect your answers into a paragraph

(一) 1. 比尔去西安旅行时发生了什么事情？
    2. 比尔是怎么买上机票的？
    3. 在哪儿补办护照和签证？

(二) 1. 比尔的朋友怎么了？
    2. 他们在什么位置？
    3. 比尔打了什么电话？

(三) 1. 马丁昨晚给比尔打电话为什么没人接？
    2. 马丁知道什么紧急电话？
    3. 比尔为什么说不用把那些号码都记下来？

二、根据课文内容填空 Fill in the blanks based on the texts

比尔是昨天下午（　　）西安回来（　　）。他去西安旅行的时候不小心（　　）护照丢了。不过（　　）他有学生证，去当地公安局（　　）了证明，才买上机票。昨天下午他已经（　　）了公安局，准备（　　）护照。

昨晚比尔和朋友去五道口（　　）旁边的（　　）喝酒，结果一个朋友（　　）了。比尔打了（　　）电话120。马丁只知道110，他想把这样的号码都记下来，比尔说（　　），因为紧急电话都已经（　　）了，打其中的一个电话就行，所以只记住110就可以了。

三、按照要求完成下面的任务　Finish the following tasks as instructed

（一）把下面的词语和结构连成句子　Make sentences with the words or structures given

1. 妈妈　哭　孩子　把　了　气
2. 如果……的话　护照　连……都……　没有　机票　买不上　大概
3. E-mail　写　这　给　朋友　周末　想　我
4. 来着　你　干什么　前天　晚上
5. 来着　老师　不知道　什么　走　刚才　在　还　这儿　的　时候
6. 已经　这些　电话　紧急　都　现在　了　联网

（二）根据上下文完成对话　Complete the dialogues according to the contexts

1. A：昨晚你干什么来着？宿舍一直没人。
   B：_____。

2. A：我的护照丢了，怎么办啊？
   B：_____。

3. 医院：这是急救电话，有什么事吗？
   A：_____。

4. 医院：请问你们在什么位置？
   A：_____。

5. A：你们上次在哪儿喝的酒？
   B：_____。

6. A：120是什么电话啊？
   B：_____，_____。

7. A：你的护照丢了，那你是怎么买上票的？
   B：好在_____。

我的护照丢了 **2**

四、用本课的"口语基本句"完成对话　Complete the following dialogues with the Basic Sentences of this lesson

1. A：＿＿＿＿＿＿＿＿＿＿＿＿＿＿？
   B：别提了，把护照丢了。

2. A：＿＿＿＿＿＿＿＿＿＿＿＿＿＿？
   B：很晚了，10点多了。

3. A：真倒霉，＿＿＿＿＿＿＿＿＿＿＿＿。
   B：快去补办一个新的吧。

4. A：＿＿＿＿＿＿＿＿＿＿＿＿＿＿？很多人找你都找不着。
   B：我就在宿舍啊，可能睡着了吧。

五、用本课的"口语格式"完成句子　Complete the following sentences with the Oral Patterns of this lesson

1. A：昨晚下那么大的雨，你是怎么回来的？
   B：好在＿＿＿＿＿＿＿＿＿＿＿＿。

2. 如果大学不毕业，大概＿＿＿＿＿＿＿＿＿＿＿＿＿＿＿。

3. ＿＿＿＿＿＿＿＿＿＿＿＿＿＿？怎么连考试都不参加？

4. A：这么说，＿＿＿＿＿＿＿＿＿＿＿＿？
   B：是啊。

5. A：这么说，＿＿＿＿＿＿＿＿＿＿＿＿＿？
   B：对，你在房间等我电话吧。

六、角色练习　Role play

1. 和朋友说说丢了护照怎么办。
2. 你的同屋病了，你打120急救电话。

七、请你说一说 Please talk about the following topics

1. 在国外丢了护照会带来哪些不方便?
2. 丢了什么东西最可怕?
3. 除了110、120以外,你还知道中国哪些这样的紧急电话?你们国家有哪些这样的电话?
4. 你打过紧急电话吗?说说你的故事。

相关词语 Useful Words and Expressions

丢失	diūshī	to lose
招领	zhāolǐng	to announce the finding of lost property
失物招领处	shīwù zhāolǐng chù	Lost and Found
登记	dēngjì	to register
手续	shǒuxù	procedure
居住证	jūzhùzhèng	residence permit
临时	línshí	temporary
永久	yǒngjiǔ	permanent; permanence
长期	chángqī	long-term
短期	duǎnqī	short-term
商务	shāngwù	commercial business

我的护照丢了 2

访问	fǎngwèn	to visit
询问	xúnwèn	inquiry; to inquire
记录	jìlù	to record
急诊	jízhěn	emergency treatment
急诊室	jízhěnshì	emergency room
打针	dǎ zhēn	to give or have an injection
打点滴	dǎ diǎndī	to place sb. on a drip
吃药	chī yào	to take medicine
护理	hùlǐ	to nurse
住院	zhùyuàn	to be in hospital
病房	bìngfáng	ward
押金	yājīn	cash pledge
付款	fù kuǎn	to pay a sum of money
轻微	qīngwēi	mild, slight, light
伤害	shānghài	to hurt, to damage; injury
事故	shìgù	accident
消毒	xiāodú	to disinfect; disinfection, antisepsis
人工呼吸	réngōng hūxī	artificial respiration

3

Wǒ Mǎile ge
我买了个
"Bǐjìběn"
"笔记本"

I bought a laptop

Shì shénme páizi de?
1. 是什么牌子的？

Zhēn búcuò!
2. 真不错！

Nǐ qù nǎr?
3. 你去哪儿？

Biétí le!
4. 别提了！

Jǐ diǎn guānmén?
5. 几点关门？

第三课 我买了个"笔记本"
Wǒ Mǎile ge "Bǐjìběn"
I bought a laptop

生词一 New Words One

1	笔记本	bǐjìběn	名		laptop
2	牌子	páizi	名	丙	brand, trademark
3	名牌	míngpái	名	丁	name brand
4	硬盘	yìngpán	名		hard magnetic disk
5	光驱	guāngqū	名		CD-ROM
6	游戏	yóuxì	名	丙	game
7	影碟	yǐngdié	名		disk
8	笔记	bǐjì	名/动	乙	notes; to take down notes

专 名 Proper Noun

联想	Liánxiǎng	a brand of laptop

课文一 Text One

比 尔:昨天我买了一个笔记本。

张 林:怎么不多买几个?

比　尔：我说的是笔记本电脑。
张　林：我还以为是本子呢！是什么牌子的？
比　尔：联想，中国的名牌。
张　林：硬盘多大？
比　尔：250G，DVD光驱。
张　林：真不错！你可以用它打游戏、看影碟！
比　尔：我要带着它去图书馆做笔记。
张　林：那真成了"笔记本"了！

　　Bǐ'ěr: Zuótiān wǒ mǎile yí ge bǐjìběn.
Zhāng Lín: Zěnme bù duō mǎi jǐ ge?
　　Bǐ'ěr: Wǒ shuō de shì bǐjìběn diànnǎo.
Zhāng Lín: Wǒ hái yǐwéi shì běnzi ne! Shì shénme páizi de?
　　Bǐ'ěr: Liánxiǎng, Zhōngguó de míngpái.
Zhāng Lín: Yìngpán duō dà?
　　Bǐ'ěr: Èrbǎi wǔshí G, DVD guāngqū.
Zhāng Lín: Zhēn búcuò! Nǐ kěyǐ yòng tā dǎ yóuxì, kàn yǐngdié!
　　Bǐ'ěr: Wǒ yào dàizhe tā qù túshūguǎn zuò bǐjì.
Zhāng Lín: Nà zhēn chéngle "bǐjìběn" le!

生词二　New Words Two

1	网吧	wǎngbā	名		Internet bar, cybercafe
2	上网	shàngwǎng	动		to surf the Internet

3	别提	biétí	动			don't even mention it
4	校园	xiàoyuán	名	丁		campus, schoolyard
5	网	wǎng	名	丙		network, Internet
6	网络	wǎngluò	名			Internet
7	升级	shēngjí	动			to upgrade
8	速度	sùdù	名	乙		speed, rate, pace
9	封	fēng	量	甲		*a measure word for letters or other things sealed, etc.*
10	邮件	yóujiàn	名			postal matter, post, mail
11	新闻	xīnwén	名	甲		news
12	查	chá	动	甲		to check, to examine
13	资料	zīliào	名	乙		data, material

课文二 Text Two

张　林：你去哪儿？

比　尔：我去网吧上网。

张　林：上网？为什么不在宿舍上网？

比　尔：别提了！这两天校园网上不去。

张　林：你应该打电话问问。

比　尔：我打过电话了，他们说网络正在升级，要过几天才行。

张　林：好呀！过几天上网，速度就快了。
比　尔：过几天？可是我每天都要收、发好几封 E-mail 呢！
张　林：原来你上网是为了发邮件啊！
比　尔：我也看看新闻、查查资料什么的。你呢？
张　林：我喜欢在网上玩儿游戏、听音乐、看电影什么的。

Zhāng Lín: Nǐ qù nǎr?
　　Bǐ'ěr: Wǒ qù wǎngbā shàngwǎng.
Zhāng Lín: Shàngwǎng? Wèi shénme bú zài sùshè shàngwǎng?
　　Bǐ'ěr: Biétí le! Zhè liǎng tiān xiàoyuán wǎng shàng bu qù.
Zhāng Lín: Nǐ yīnggāi dǎ diànhuà wènwen.
　　Bǐ'ěr: Wǒ dǎguo diànhuà le, tāmen shuō wǎngluò zhèngzài shēngjí, yào guò jǐ tiān cái xíng.
Zhāng Lín: Hǎo ya! Guò jǐ tiān shàngwǎng, sùdù jiù kuài le.
　　Bǐ'ěr: Guò jǐ tiān? Kěshì wǒ měi tiān dōu yào shōu, fā hǎojǐ fēng e-mail ne!
Zhāng Lín: Yuánlái nǐ shàngwǎng shì wèile fā yóujiàn a!
　　Bǐ'ěr: Wǒ yě kànkan xīnwén, chácha zīliào shénmede. Nǐ ne?
Zhāng Lín: Wǒ xǐhuan zài wǎngshang wánr yóuxì, tīng yīnyuè, kàn diànyǐng shénme de.

生词三　New Words Three

1	老板	lǎobǎn	名	乙	boss
2	关门	guānmén	动		to close down, to shut a business
3	台	tái	量	乙	*a measure word for machines*

我买了个"笔记本" 3

4	机子	jīzi	名		small machine (e.g. a laptop)
5	老	lǎo	副	乙	always
6	死机	sǐjī	动		to crash, to break down
7	病毒	bìngdú	名	丁	virus

课文三　Text Three

(在网吧)

比　尔：老板，上网一小时多少钱？
老　板：五块。
比　尔：速度怎么样？
老　板：没问题，挺快的。
比　尔：几点关门？
老　板：晚上12点关门。
比　尔：这台机子能不能玩儿游戏？
老　板：能。你就用这台吧。
……
比　尔：老板，这台机子怎么老死机！
老　板：我看看，别是有病毒了吧。
比　尔：你给我换一台吧。
老　板：行，那你到这边来。

(Zài wǎngbā)

Bǐ'ěr: Lǎobǎn, shàngwǎng yì xiǎoshí duōshao qián?

Lǎobǎn: Wǔ kuài.

Bǐ'ěr: Sùdù zěnmeyàng?

Lǎobǎn: Méi wèntí, tǐng kuài de.

Bǐ'ěr: Jǐ diǎn guānmén?

Lǎobǎn: Wǎnshang shí'èr diǎn guānmén.

Bǐ'ěr: Zhè tái jīzi néng bu néng wánr yóuxì?

Lǎobǎn: Néng. Nǐ jiù yòng zhè tái ba.

……

Bǐ'ěr: Lǎobǎn, zhè tái jīzi zěnme lǎo sǐjī!

Lǎobǎn: Wǒ kànkan, bié shì yǒu bìngdú le ba.

Bǐ'ěr: Nǐ gěi wǒ huàn yì tái ba.

Lǎobǎn: Xíng, nà nǐ dào zhèbian lái.

语言点注释 Notes on Grammar

1. **能愿动词（可以、能、应该、想、要）** Modal verds（可以，能，应该，想，要）

能愿动词用在动词前边，表示愿望（想、要）、可能（能、可以、会）或必要（应该、要）。例如：

Modal verbs are used before verbs, indicating wishes (想、要), possibilities (能、可以、会) or necessity (应该、要). For example:

你可以用它打游戏、看影碟！

我要带着它去图书馆做笔记。

我想到中国学汉语。

3 我买了个"笔记本"

他今天不**会**来了。

你**应该**打电话问问。

2. 能不能 Can...?

构成正反疑问句，将肯定形式、否定形式都提出来，让对方选择一个答案。句末不再用"吗"。例如：

"能不能" is used to make an affirmative-negative question, which offers both affirmative and negative answers for the other party to choose from. "吗" is not used at the end of a sentence any more. For example:

这台机子**能不能**玩儿游戏？

你**是不是**医生？

我们明天**去不去**长城？

你**有没有**电脑？

这本书你**要不要**？

口语 基本句　Basic Sentences

    Shì shénme páizi de?
1. 是什么牌子的？　　　　What's the brand?

    Zhēn búcuò!
2. 真不错！　　　　　　　It's great!

    Nǐ qù nǎr?
3. 你去哪儿？　　　　　　Where are you going?

    Biétí le!
4. 别提了！　　　　　　　Don't even mention it. / Forget it.

    Jǐ diǎn guānmén?
5. 几点关门？　　　　　　What's the closing time?

口语 格式 Oral Patterns

1. 我还以为……

我还以为	是本子呢！
	你不来了！
	他生气了！
	今天你们去长城了！
	打电话的是小王！

2. 为什么不……

（你）为什么不	在宿舍上网？
	给他打电话？
	去看看？
	坐飞机去？

3. 别是……了吧。

	别是	有病毒	了吧。
他今天没有来上课，	别是	生病	了吧。
我的电脑老死机，		坏	
他没有给我打电话，		忘	
网吧没人接电话，		关门	

我买了个"笔记本" **3**

 Exercises

一、词语练习 Exercises in words and expressions

(一) 读下面的对话，注意"过"的用法 Read the following dialogues, paying attention to the use of "过"

1. A：张林去过欧洲（Ōuzhōu Europe）吗？
   B：他没去过。你呢？
   A：我去过，去过两次。
   B：我也去过。但是只去过一次。

2. A：你吃过午饭了吗？
   B：吃过了，你呢？
   A：我也吃过了。

3. A：我们下个星期要去西安，你想不想去？
   B：西安我去过了。你们去吧。
   A：你好像去过很多地方。
   B：我去过西安、上海、四川和山东。

4. A：这本书很有意思，你看看吧！
   B：我已经看过了。谢谢你！

5. A：看见王红了吗？
   B：她来过，又走了。

(二) 根据实际情况回答问题 Answer the following questions according to the real situations

1. 你去过上海吗？
2. 你爸爸来过中国吗？你妈妈呢？
3. 你吃过北京烤鸭吗？

4. 你上过中国的网站吗?

5. 你听过中国音乐吗?

6. 你去过什么地方?

(三) 选词填空 Choose the right word to fill in each blank

可以　能　应该　想　要　会

1. 我明天上午有课,不_____去补办护照。

2. 现在很晚了,你_____去睡觉。

3. A:我们去吃饭吧。

   B:我不饿,不_____去吃饭。

4. A:请问,这儿_____换钱吗?

   B:对不起,换钱_____去那边。

5. A:他今天_____来吗?

   B:没问题,会来的。

6. A:你_____不_____去网吧?

   B:想,我们现在就去吧。

7. A:明天几点上课?

   B:你_____知道的,老师告诉你了。

二、根据课文回答问题,然后连成一段话 Answer the following questions according to the texts, and then connect your answers into a paragraph

(一) 1. 比尔买了什么?

2. 他是怎么跟张林说的?

3. 张林明白了吗?为什么?

4. 比尔的笔记本怎么样?张林觉得可以用它做什么?

5. 比尔想用笔记本做什么?

（二）1. 比尔要去哪儿？做什么？
2. 他为什么不在宿舍上网？
3. 他为什么不能过几天再上网？
4. 张林上网喜欢做什么？

（三）1. 在网吧上网一小时多少钱？
2. 网吧几点关门？
3. 比尔想用网吧的电脑做什么？
4. 他用的电脑怎么了？怎么办？

三、变换句式 Rewrite the following sentences

例：这台机子能玩儿游戏吗？→ 这台机子能不能玩儿游戏？
1. 你明天去长城吗？→
2. 小李在学校吗？→
3. 这个菜好吃吗？→
4. 马丁想去网吧吗？→
5. 你下午能来吗？→
6. 我们现在吃饭吗？→
7. 他是老师吗？→

四、用本课的"口语基本句"完成对话 Complete the following dialogues with the Basic Sentences of this lesson

1. A：我买了一台电脑。
   B：_____？
   A：IBM。

2. A：_____？
   B：出去走走。你呢？
   A：去网吧上网。

3. A：听说周末你去了上海，怎么样？

   B：_____！那两天天天下雨！

4. A：我们篮球比赛得了第一名。

   B：_____！祝贺你们啊！

5. A：商店周末_____？

   B：晚上10点。

五、用本课的"口语格式"完成对话　Complete the following dialogues with the Oral Patterns of this lesson

1. A：他病了，在宿舍里睡觉。

   B：_____？

2. A：我来拿书了。

   B：_____。

3. A：小王怎么没来？

   B：_____！

六、角色练习　Role play

1. 你的朋友买了一台电脑，他很高兴地把这事告诉你。
2. 你在路上遇见你的一个朋友，你们一起去了网吧。

七、请你说一说　Please talk about the following topics

1. 上网可以做什么？你喜欢上网做什么？
2. 你最想要的电脑是什么样的？
3. 你有网友（wǎngyǒu　net friend）吗？他们和你身边的朋友有什么不同？
4. 如果没有网络，你的生活会有什么变化？

相关词语 Useful Words and Expressions

手提电脑	shǒutí diànnǎo	laptop
台式电脑	táishì diànnǎo	desktop computer
网站	wǎngzhàn	website
下载	xiàzài	to download
申请	shēnqǐng	to apply (for)
邮箱	yóuxiāng	mailbox
扫描	sǎomiáo	to scan
软件	ruǎnjiàn	software
硬件	yìngjiàn	hardware
伊妹儿	yīmèi'ér	e-mail
程序	chéngxù	program, procedure
显示器	xiǎnshìqì	monitor
主机	zhǔjī	mainframe
内存	nèicún	random access memory (RAM)
网友	wǎngyǒu	net friend

Zánmen Biān Chī Biān Liáo
咱们边吃边聊
Let's chat while eating

Lùshang dǔ ma?
1. 路上堵吗？

Hái kěyǐ.
2. 还可以。

Shíjiān bù zǎo le.
3. 时间不早了。

Bù le.
4. 不了。

Qǐng liúbù.
5. 请留步。

Yǒu shíjiān zài lái wánr.
6. 有时间再来玩儿。

第四课 咱们边吃边聊
Zánmen Biān Chī Biān Liáo
Let's chat while eating

生词一 New Words One

1	看望	kànwàng	动	丁	to call on, to visit
2	商量	shāngliang	动	乙	to consult, to discuss, to talk over
3	烟	yān	名	丙	tobacco, cigarette
4	糖	táng	名	甲	sugar, candy
5	俗气	súqi	形		worldly, vulgar
6	抽(烟)	chōu(yān)	动	乙	to smoke
7	品位	pǐnwèi	名		taste and quality
8	合适	héshì	形	甲	suitable, appropriate
9	康乃馨	kāngnǎixīn	名		carnation

课文一 Text One

(明天是教师节，苏珊、保拉决定去看望李老师)

苏　珊：明天是教师节，我们去看看李老师吧。

保　拉：好哇，不过不知道李老师住哪儿。

苏　珊：可以先打个电话跟李老师约一下。
保　拉：咱们先商量商量买什么东西吧。
苏　珊：我听说中国人一般送烟送酒，也有送糖的。
保　拉：送烟送酒太俗气了吧？再说李老师也不抽烟。
苏　珊：要不，咱们送花吧，送花显得有品位。
保　拉：送什么花合适呢？
苏　珊：当然是康乃馨了。

(Míngtiān shì Jiàoshī Jié, Sūshān, Bǎolā juédìng qù kànwàng Lǐ lǎoshī)

Sūshān: Míngtiān shì Jiàoshī Jié, wǒmen qù kànkan Lǐ lǎoshī ba.
Bǎolā: Hǎo wa, búguò bù zhīdào Lǐ lǎoshī zhù nǎr.
Sūshān: Kěyǐ xiān dǎ ge diànhuà gēn Lǐ lǎoshī yuē yíxià.
Bǎolā: Zánmen xiān shāngliang shāngliang mǎi shénme dōngxi ba.
Sūshān: Wǒ tīngshuō Zhōngguórén yìbān sòng yān sòng jiǔ, yě yǒu sòng táng de.
Bǎolā: Sòng yān sòng jiǔ tài súqi le ba? Zàishuō Lǐ lǎoshī yě bù chōuyān.
Sūshān: Yàobù, zánmen sòng huā ba, sòng huā xiǎnde yǒu pǐnwèi.
Bǎolā: Sòng shénme huā héshì ne?
Sūshān: Dāngrán shì kāngnǎixīn le.

生词二　New Words Two

1	敲	qiāo	动	乙	to knock
2	节日	jiérì	名	甲	festival
3	本来	běnlái	形/副	乙	original, at first; originally

咱们边吃边聊 4

4	堵	dǔ	动/形	乙	to stop up, to block; blocked
5	堵车	dǔchē	动		to be congested with traffic
6	顺	shùn	形	丙	smooth
7	瓜子	guāzǐ(r)	名	丙	melon seed
8	房子	fángzi	名	乙	house
9	搬	bān	动	甲	to move from one place to another
10	不久	bùjiǔ	形	甲	not long (after), soon
11	全家福	quánjiāfú	名		photo of a whole family
12	爱人	àiren	名	甲	husband or wife
13	出差	chūchāi	动	丁	to be on a business trip
14	读书	dúshū	动	乙	to study
15	幸福	xìngfú	形/名	甲	happy; happiness
16	饿	è	形	甲	hungry
17	聊	liáo	动	乙	to chat

课文二 Text Two

（敲门声）

李老师：来了，来了。（开门）

苏珊、保拉：李老师，祝您节日快乐，身体健康！

李老师：谢谢！快请进。你们是怎么来的？

保　拉：打车来的，本来想骑自行车来，可是太远了。

李老师：路上堵吗？现在正是堵车的时候。

苏　珊：还可以，只有五道口那儿有点儿堵，别的地方都很顺。

李老师：这儿有水果、瓜子，你们别客气。

苏　珊：老师，您家好漂亮啊！

李老师：这房子是去年新买的，我们刚搬进来不久。

保　拉：老师，这是您家的全家福吧？

李老师：对，这是我爱人，昨天去上海出差了，这是我女儿，现在在美国读书。

保　拉：好幸福的一家人啊！

李老师：都快12点了，你们饿了吧？咱们边吃边聊。

(Qiāo mén shēng)

Lǐ lǎoshī: Lái le, lái le. （Kāimén）

Sūshān, Bǎolā: Lǐ lǎoshī, zhù nín jiérì kuàilè, shēntǐ jiànkāng!

Lǐ lǎoshī: Xièxie! Kuài qǐng jìn. Nǐmen shì zěnme lái de?

　Bǎolā: Dǎchē lái de, běnlái xiǎng qí zìxíngchē lái, kěshì tài yuǎn le.

Lǐ lǎoshī: Lùshang dǔ ma? Xiànzài zhèng shì dǔchē de shíhou.

　Sūshān: Hái kěyǐ, zhǐyǒu Wǔdàokǒu nàr yǒudiǎnr dǔ, bié de dìfang dōu hěn shùn.

Lǐ lǎoshī: Zhèr yǒu shuǐguǒ, guāzǐr, nǐmen bié kèqi.

　Sūshān: Lǎoshī, nín jiā hǎo piàoliang a!

4 咱们边吃边聊

Lǐ lǎoshī: Zhè fángzi shì qùnián xīn mǎi de, wǒmen gāng bān jinlai bùjiǔ.

Bǎolā: Lǎoshī, zhè shì nín jiā de quánjiāfú ba?

Lǐ lǎoshī: Duì, zhè shì wǒ àiren, zuótiān qù Shànghǎi chūchāi le, zhè shì wǒ nǚ'ér, xiànzài zài Měiguó dúshū.

Bǎolā: Hǎo xìngfú de yì jiā rén a!

Lǐ lǎoshī: Dōu kuài shí'èr diǎn le, nǐmen èle ba? Zánmen biān chī biān liáo.

生词三 New Words Three

1	香	xiāng	形	甲	fragrant, scented
2	筷子	kuàizi	名	乙	chopsticks
3	勺子	sháozi	名	乙	spoon
4	醉	zuì	动	乙	to be drunk
5	烤鸭	kǎoyā	名		roast duck
6	好吃	hǎochī	形	甲	delicious, tasty
7	要紧	yàojǐn	形	乙	vital, important, essential
8	慢	màn	形	甲	slow
9	留步	liúbù	动		don't bother to see me out

课文三　Text Three

李老师：来，快吃饭吧。
保　拉：好香啊！
李老师：你们用筷子还是勺子？
苏　珊：用筷子吧，来中国后我们习惯用筷子了。
李老师：喝点儿什么？饮料还是啤酒？
保　拉：喝饮料吧，啤酒怕喝醉了。
李老师：这是你们最喜欢吃的烤鸭。
苏　珊：真好吃！
李老师：那就多吃点儿。

（饭后）

苏珊、保拉：老师，时间不早了，我们该回去了。
李老师：再多玩儿会儿吧，下午我没什么要紧的事儿。
苏　珊：不了，您忙了一个上午，也该休息了，再说明天我们还有课。
李老师：那我就不留你们了，路上小心，慢点儿走。
苏珊、保拉：再见，李老师，您请留步。
李老师：再见，有时间再来玩儿。

Lǐ lǎoshī: Lái, kuài chīfàn ba.
　Bǎolā: Hǎo xiāng a!
Lǐ lǎoshī: Nǐmen yòng kuàizi háishi sháozi?
　Sūshān: Yòng kuàizi ba, lái Zhōngguó hòu wǒmen xíguàn yòng kuàizi le.
Lǐ lǎoshī: Hē diǎnr shénme? Yǐnliào háishi píjiǔ?

4 咱们边吃边聊

Bǎolā: Hē yǐnliào ba, píjiǔ pà hēzuì le.

Lǐ lǎoshī: Zhè shì nǐmen zuì xǐhuan chī de kǎoyā.

Sūshān: Zhēn hǎochī!

Lǐ lǎoshī: Nà jiù duō chī diǎnr.

(Fàn hòu)

Sūshān, Bǎolā: Lǎoshī, shíjiān bù zǎo le, wǒmen gāi huíqu le.

Lǐ lǎoshī: Zài duō wánr huìr ba, xiàwǔ wǒ méi shénme yàojǐn de shìr.

Sūshān: Bù le, nín mángle yí ge shàngwǔ, yě gāi xiūxi le, zàishuō míngtiān wǒmen hái yǒu kè.

Lǐ lǎoshī: Nà wǒ jiù bù liú nǐmen le, lùshang xiǎoxīn, màn diǎnr zǒu.

Sūshān, Bǎolā: Zàijiàn, Lǐ lǎoshī, nín qǐng liúbù.

Lǐ lǎoshī: Zàijiàn, yǒu shíjiān zài lái wánr.

语言点注释 Notes on Grammar

1. **您家好漂亮啊！/ 好香啊！/ 真好吃！** How beautiful your house is! / It smells so good! / It's so delicious!

   "好"用在形容词或者表示心理活动的动词前边时，表示程度深，有感叹语气。例如：

   "好" can be used before an adjective or a verb of a mental activity to indicate a high level of degree. It makes an exclamatory sentence. For example:

   好厉害啊！

   这儿的景色好美啊！

   我好久没看见他了！

   我好想你啊！

"好"用在"看""听""闻""吃""使""用"等动词前面，表示声音、形象、气味、感觉等好。例如：

When "好" is used before the verbs like "看", "听", "闻", "吃", "使", "用", it indicates a good or pleasant quality of something one sees, hears, smells, tastes, uses or feels. For example:

好看、好听、好吃、好闻、好使

2. 你们用筷子还是勺子？/ 饮料还是啤酒？ Do you use chopsticks or spoons? / A soft drink or a beer?

用"是……还是……"构成的疑问句，叫选择疑问句。"是"有时可以省略。例如：

"是……还是……" is used to form an alternative question. "是" can be omitted sometimes. For example:

你是吃苹果还是吃桃？
是你借书还是他借书？
是骑自行车去还是打车去？
是明天去西单还是今天去？
明天是去西单还是去王府井？

3. 忙了一个上午 It was a busy morning.

时量短语放在动词后边，构成时量补语，表示动作或状态持续了多长时间。例如：

The complement of duration is normally a time phrase. It is used after a verb to indicate the duration of a state or an action. For example:

我们学了一个小时。
他唱了二十分钟。
我们休息了一会儿。
她病了三天。

如果动词带宾语，要重复动词，然后再将时量补语放在后边。例如：

咱们边吃边聊 **4**

The verb is repeated if it takes an object and the complement of duration is used at the end of the sentence. For example:

他游泳游了一个小时。

我打球打了半个小时。

他学汉语学了三年。

我们上课上了五分钟了。

宾语如果是代词，也可以不重复动词。例如：

If the object is a pronoun, it is not necessary to repeat the verb. For example:

我等了你十分钟。

她盼（pàn to look forward to）了你三年。

口语 基本句　Basic Sentences

Lùshang dǔ ma?
1. 路上堵吗？　　　　　Did you get stuck in the traffic? / How was the traffic?

Hái kěyǐ.
2. 还可以。　　　　　　It's OK.

Shíjiān bù zǎo le.
3. 时间不早了。　　　　It's getting late.

Bù le.
4. 不了。　　　　　　　No, thanks.

Qǐng liúbù.
5. 请留步。　　　　　　Please don't bother to see me out.

Yǒu shíjiān zài lái wánr.
6. 有时间再来玩儿。　　Come again when you have time. / You are welcome to come again.

57

口语格式 Oral Patterns

1. V了,V了
   - 来了, 来了。
   - 走　　走
   - 注意　注意

2. 刚……不久
   - 刚　搬进来　不久。
   - 走
   - 上课
   - 来中国

3. 怕……
   - 我　怕　喝醉了。
   - 他　　　考不好。
   - 大家　　迟到了。
   - 她　　　商店关门了。

4. 没什么……
   - 没什么　要紧的事儿。
   - 　　　　担心的。
   - 　　　　痛苦。
   - 　　　　不好。

练习 Exercises

一、词语练习　Exercises in words and expressions

(一) 给下面的动词加上宾语　Add objects to the following verbs
1. 看望_____
2. 约_____
3. 商量_____
4. 搬_____

(二) 说出下面句子中"好"的意思　Tell the meaning of "好" in the following sentences.
1. 这台电脑不好用,那台好用。
2. 汉语好学不好学?

3. 这座山好高啊!
4. 这篇课文好难学!
5. 这首歌好听不好听?

二、根据课文回答问题，然后连成一段话 Answer the following questions according to the texts, and then connect your answers into a paragraph

1. 苏珊和保拉教师节想做什么?
2. 她们为什么觉得送烟送酒不合适?
3. 她们觉得送花怎么样?
4. 她们是怎么去李老师家的?
5. 李老师是怎么招待她们的?
6. 李老师的家怎么样?
7. 她们吃饭的时候用的是什么?她们习惯吗?
8. 她们喝了什么?吃了什么?
9. 李老师让她们多玩儿一会儿，为什么她们要回去?

三、按照要求完成下面的任务 Finish the following tasks as instructed

（一）根据给出的原因，用"再说"完成对话 Complete the following dialogues with "再说", using the given reason

1. A：你昨天怎么没来上课?
   B：_____。（原因：下雨了 我生病了）
2. A：你今天怎么吃这么多?
   B：_____。（原因：饭好吃 我饿了）
3. A：大家怎么那么喜欢他?
   B：_____。（原因：他很聪明 他很会说话）
4. A：你为什么又迟到了?
   B：_____。（原因：起床起晚了 路上堵车）

（二）用"是……还是……"句型对下面的两种情况进行提问　Make questions with "是……还是……"

1. 明天去上海　明天去杭州
2. 明天晴天　明天阴天
3. 他同意我的意见　他不同意我的意见
4. 是小王打的电话　是小李打的电话
5. 这本书是我的　这本书是你的

（三）问问你的同学下面这些活动进行了多长时间　Ask your classmates how much time they spent in doing the following activities

1. 学汉语　　2. 游泳　　　　3. 上网　　　4. 玩儿游戏
5. 下雨　　　6. 老师教我们　7. 考试　　　8. 预习课文
9. 看电视　　10. 等我

四、用本课的"口语基本句"完成对话　Complete the following dialogues with the Basic Sentences of this lesson

1. A：这次考试考得怎么样？
   B：_____。

2. A：你看，都快12点了，吃了饭再走吧。
   B：_____。
   A：既然这样，那就不留你吃饭了，路上小心。
   B：_____。

3. A：_____？
   B：还好，只有人民大学附近比较堵。

4. A：_____，我们走了。
   B：那好，_____。

咱们边吃边聊

五、用本课的"口语格式"完成对话
Complete the following dialogues with the Oral Patterns of this lesson

1. A：有人在家吗？我是来修电话的。

   B：_____。

2. A：你昨天去看电影了，好看不好看？

   B：_____。

3. A：你为什么不吃肉？

   B：_____。

4. A：你什么时候来中国的？

   B：_____。

六、角色练习　Role Play

你是主人，另外一位同学是客人，表演一下做客的情景。

七、请你说一说　Please talk about the following topics

1. 比较一下你们国家接待客人的习惯和中国有什么不同。
2. 介绍一下你做客的经历。
3. 你的网友第一次来你家，你打算怎么招待他/她？
4. 你最喜欢去谁家做客？为什么？

相关词语 Useful Words and Expressions

主人	zhǔrén	host, hostess
客人	kèrén	guest
客气	kèqi	polite, courteous
礼貌	lǐmào	polite
招待	zhāodài	to treat, to serve
待客	dài kè	to receive guests, to play host to guests
尊敬	zūnjìng	to respect
怠慢	dàimàn	to neglect (sb.)
让座	ràngzuò	to offer one's seat (to sb.)
慢用	màn yòng	to help yourself
送客	sòng kè	to see sb. off
来客	láikè	visitor
礼节	lǐjié	etiquette
招呼	zhāohu	to treat, to play host to
上茶	shàng chá	to serve tea
上座	shàngzuò	seat of honour
照顾	zhàogù	to take care of
盛饭	chéng fàn	to serve the rice
夹菜	jiā cài	to help sb. with dishes
敬酒	jìng jiǔ	to toast

咱们边吃边聊 **4**

致辞	zhìcí	to deliver a speech
祝酒	zhùjiǔ	to propose a toast
美味佳肴	měiwèi jiāyáo	delicious food
海鲜	hǎixiān	sea food
家常便饭	jiācháng biànfàn	homely meal

Tiānqì Yùbào Zěnme Shuō
天气预报怎么说
What did the weather forecast say

Wǒ bǎ zhè shìr gěi wàng le.
1. 我把这事给忘了。

Tiānqì yùbào zěnme shuō?
2. 天气预报怎么说?

Zhè guǐ tiānqì!
3. 这鬼天气!

Shéi yě shuō bu zhǔn.
4. 谁也说不准。

Nà hǎo a.
5. 那好啊。

Nà shuōhǎo le.
6. 那说好了。

第五课 天气 预报 怎么 说
Tiānqì Yùbào Zěnme Shuō
What did the weather forecast say

生词一 New Words One

1	起床	qǐchuáng	动	甲	to get up
2	吵	chǎo	动/形	乙	to make a noise; noisy
3	哎哟	āiyō	叹	丙	used to show astonishment or pain
4	来不及	láibují	动	乙	to be too late to do sth.
5	天气	tiānqì	名	甲	weather
6	阴	yīn	形	甲	overcast, cloudy
7	外边	wàibian	名	甲	outside
8	冷	lěng	形	甲	cold
9	暖和	nuǎnhuo	形	甲	warm
10	雨	yǔ	名	甲	rain
11	预报	yùbào	动	丙	to forecast, to predict
12	晴	qíng	形	甲	sunny, clear, fine
13	多云	duōyún	名		cloudy
14	雾	wù	名	乙	fog
15	万一	wànyī	连	丙	in case, if by any chance
16	雨伞	yǔsǎn	名		umbrella
17	登	dēng	动	乙	to climb, to ascend, to mount

课文一 Text One

马　丁：都 8 点了，你还不起床？
比　尔：吵什么呀？让我再多睡会儿。
马　丁：咱们不是说好今天去爬香山的吗？
比　尔：哎哟，我把这事给忘了。
马　丁：快起吧，再不起床就来不及了。不过今天天气不太好。
比　尔：是啊，阴得很厉害。外边冷不冷？
马　丁：冷倒不冷，比昨天还暖和一点儿。
比　尔：我看可能要下雨。
马　丁：天气预报怎么说？
比　尔：天气预报说，今天晴转多云，有雾，没说下雨。
马　丁：万一下雨怎么办？
比　尔：我们可以带上雨伞，再说下点儿小雨，雨中登山不是更有意思吗？
马　丁：听你的，记着带上雨伞。

Mǎdīng: Dōu bā diǎn le, nǐ hái bù qǐchuáng?
　Bǐ'ěr: Chǎo shénme ya? Ràng wǒ zài duō shuì huìr.
Mǎdīng: Zánmen bú shì shuōhǎo jīntiān qù pá Xiāng Shān de ma?
　Bǐ'ěr: Āiyō, wǒ bǎ zhè shìr gěi wàng le.
Mǎdīng: Kuài qǐ ba, zài bù qǐchuáng jiù láibují le. Búguò jīntiān tiānqì bú tài hǎo.
　Bǐ'ěr: Shì a, yīn de hěn lìhai. Wàibian lěng bu lěng?

5 天气预报怎么说

Mǎdīng: Lěng dào bù lěng, bǐ zuótiān hái nuǎnhuo yìdiǎnr.

Bǐ'ěr: Wǒ kàn kěnéng yào xià yǔ.

Mǎdīng: Tiānqì yùbào zěnme shuō?

Bǐ'ěr: Tiānqì yùbào shuō, jīntiān qíng zhuǎn duōyún, yǒu wù, méi shuō xià yǔ.

Mǎdīng: Wànyī xià yǔ zěnme bàn?

Bǐ'ěr: Wǒmen kěyǐ dàishang yǔsǎn, zàishuō xià diǎnr xiǎo yǔ, yǔ zhōng dēng shān bú shì gèng yǒu yìsi ma?

Mǎdīng: Tīng nǐ de, jìzhe dàishang yǔsǎn.

生词二 New Words Two

1	避	bì	动	乙	to avoid, to shun
2	湿	shī	形	乙	wet, damp, humid
3	透	tòu	形	乙	full, complete
4	鬼	guǐ	形/名	乙	terrible, damnable; ghost
5	夏天	xiàtiān	名	甲	summer
6	准	zhǔn	形	乙	sure
7	冒	mào	动	乙	to emit, to give off
8	凉	liáng	形	乙	cool, cold
9	及时	jíshí	形/副	乙	timely, in time; promptly
10	嗓子	sǎngzi	名	乙	throat
11	气温	qìwēn	名	乙	(air) temperature
12	降	jiàng	动	乙	to lower, to reduce
13	空气	kōngqì	名	甲	air

14	新鲜	xīnxiān	形	乙	fresh
15	一时半会儿	yì shí bàn huìr			short period of time
16	班车	bānchē	名		regular bus (service)

专　名　Proper Noun

欧文　　　Ōuwén　　　　　　　　Oven, name of a person

课文二　Text Two

张　林：到这儿来避避雨吧，你浑身都湿透了。

欧　文：这鬼天气，说下就下。

张　林：夏天天气变得就是快，谁也说不准。

欧　文：对呀，刚才还热得人直冒汗，这会儿倒有点儿凉了。

张　林：你穿这么少，多活动活动，别感冒了。

欧　文：不过这雨倒挺及时，这几天干得我嗓子直冒烟儿。

张　林：是啊，人也热得没精神。

欧　文：一下雨，气温降下来了，空气也新鲜了。

张　林：人也感觉有劲了。

欧　文：看这雨一时半会儿还停不了，班车怎么还不来？真急人。

张　林：可能下雨路不好走。

欧　文：我还有急事，就不等班车了，我先打车走了，再见。

张　林：再见。

5 天气预报怎么说

Zhāng Lín: Dào zhèr lái bìbi yǔ ba, nǐ húnshēn dōu shītòu le.

Ōuwén: Zhè guǐ tiānqì, shuō xià jiù xià.

Zhāng Lín: Xiàtiān tiānqì biàn de jiù shì kuài, shéi yě shuō bu zhǔn.

Ōuwén: Duì ya, gāngcái hái rè de rén zhí mào hàn, zhè huìr dào yǒudiǎnr liáng le.

Zhāng Lín: Nǐ chuān zhème shǎo, duō huódong huódong, bié gǎnmào le.

Ōuwén: Búguò zhè yǔ dào tǐng jíshí, zhè jǐ tiān gān de wǒ sǎngzi zhí mào yānr.

Zhāng Lín: Shì a, rén yě rè de méi jīngshen.

Ōuwén: Yí xià yǔ, qìwēn jiàng xialai le, kōngqì yě xīnxiān le.

Zhāng Lín: Rén yě gǎnjué yǒu jìnr le.

Ōuwén: Kàn zhè yǔ yì shí bàn huìr hái tíng bu liǎo, bānchē zěnme hái bù lái? Zhēn jí rén.

Zhāng Lín: Kěnéng xià yǔ lù bù hǎo zǒu.

Ōuwén: Wǒ hái yǒu jí shì, jiù bù děng bānchē le, wǒ xiān dǎ chē zǒu le, zàijiàn.

Zhāng Lín: Zàijiàn.

生词三 New Words Three

1	雪	xuě	名	甲	snow
2	激动	jīdòng	形/动	乙	excited; to excite
3	老家	lǎojiā	名	丁	old home, native place
4	冬天	dōngtiān	名	甲	winter
5	要命	yàomìng	动	丁	extremely, awfully, terribly

6	零下	líng xià			below zero
7	度	dù	量	乙	degree
8	冻	dòng	动	乙	to feel very cold, to be frost-bitten
9	滑冰	huábīng	动	乙	to go skating
10	滑雪	huáxuě	动	丙	to go skiing
11	冰雕	bīngdiāo	名		ice sculpture
12	有名	yǒumíng	形	甲	well-known, famous
13	拍照	pāizhào	动	丁	to take a picture

专 名 Proper Noun

| 哈尔滨 | Hā'ěrbīn | Harbin, the capital of Heilongjiang Province in Northeast China |

课文三 Text Three

苏 珊：下雪了，下雪了！

王 红：看把你激动得。

苏 珊：我最喜欢下雪天了！

王 红：我老家冬天常常下雪，要不寒假去我们家玩儿玩儿？

苏 珊：你们那儿冬天冷得要命吧？

王 红：是很冷，最低气温能到零下二三十度。不过屋里很暖和，冻不着。

5 天气预报怎么说

苏　珊：那好啊，我可以学滑冰了。
王　红：其实最好玩儿的是滑雪，还有哈尔滨的冰雕也很有名。
苏　珊：那说好了，这个寒假去你们家玩儿。
王　红：嗯，没问题！
苏　珊：你看这雪越下越大，咱们出去拍照吧。
王　红：好啊，我们走。

Sūshān: Xià xuě le, xià xuě le!
Wáng Hóng: Kàn bǎ nǐ jīdòng de.
Sūshān: Wǒ zuì xǐhuan xià xuě tiān le!
Wáng Hóng: Wǒ lǎojiā dōngtiān chángcháng xià xuě, yàobù hánjià qù wǒmen jiā wánr wánr?
Sūshān: Nǐmen nàr dōngtiān lěng de yàomìng ba?
Wáng Hóng: Shì hěn lěng, zuì dī qìwēn néng dào líng xià èr-sānshí dù. Búguò wū li hěn nuǎnhuo, dòng bu zháo.
Sūshān: Nà hǎo a, wǒ kěyǐ xué huábīng le.
Wáng Hóng: Qíshí zuì hǎowánr de shì huáxuě, hái yǒu Hā'ěrbīn de bīngdiāo yě hěn yǒumíng.
Sūshān: Nà shuōhǎo le, zhège hánjià qù nǐmen jiā wánr.
Wáng Hóng: Ǹg, méi wèntí!
Sūshān: Nǐ kàn zhè xuě yuè xià yuè dà, zánmen chūqu pāizhào ba.
Wáng Hóng: Hǎo a, wǒmen zǒu.

语言点注释 Notes on Grammar

1. 都 8 点了，你还不起床？ It's already eight o'clock, why are you still in bed?

"都"表示说话人觉得时间晚、数量多，意思相当于"已经"。
"都" means "already" here. It indicates that the time is late or the amount/quantity is large.

"才"表示说话人觉得时间早、数量少。例如：
"才" indicates the time is early or the quantity is small. For example:

都 9 点了，他还没来。
才 6 点，他就来了。
这篇课文我都读了五遍了。
这篇课文我才读了一遍。
你都打了两个小时的篮球了，休息一会儿吧。
我才打了半个小时，不累。
他都学了两年的汉语了。
我才学了一个月的汉语。

2. 再不起床就来不及了。 If you don't get up, you'll be late.

"再"意思是"继续"，表示动作或状态继续下去，表示一种假设，常和"就"、"都"等呼应。例如：
"再" means "继续". It indicates a hypothetic continuation of an action or a state and is usually followed by "就" or "都". For example:

你再哭我就不跟你玩儿了。
你再不买票就买不上了。
你再不来我们就不等你了。
这本书写得太好了，再看多少遍都爱看。

天气预报怎么说 **5**

3. **你们那儿冬天冷得要命吧？**　Is winter in your hometown freezing cold?

"动词/形容词+得+形容词/动词/小句"，"得"后的部分补充说明动作或状态所达到的程度，叫程度补语。

In the pattern "verb / adj. + 得 + adj. / verb / clause", the part after "得" functions as the complement of degree. It is used to explain the degree of the preceding state or action.

(1) 动词/形容词+得+形容词/动词

那里冬天冷得要命。

她病得厉害。

他热得直冒汗。

他气得直发抖。

(2) 动词/形容词+得+小句

天气热得我嗓子直冒烟。

太阳很大，热得我浑身直冒汗。

爸爸发火了，吓得他不敢说话。

路太远了，累得我走不动了。

口语 基本句　Basic Sentences

Wǒ bǎ zhè shìr gěi wàng le.
1. 我把这事给忘了。　　　　I forgot it.

Tiānqì yùbào zěnme shuō?
2. 天气预报怎么说？　　　　What did the weather forecast say?

Zhè guǐ tiānqì!
3. 这鬼天气！　　　　　　　What horrible weather!

    Shéi yě shuō bu zhǔn.
4. 谁也说不准。   It's hard to tell / say.

    Nà hǎo a.
5. 那好啊。   That's good.

    Nà shuōhǎo le.
6. 那说好了。   That's settled. / Let's make a deal.

口语格式 Oral Patterns

1. 都……还不（没）……

	都		还不/还没	
	都	8点了，你	还不	起床？
		学了五年了，	还没	学会。
		二十岁了，	还不	懂事。
雨		下了两个小时了，	还不	停。

2. V+什么呀！

    吵 什么呀！
    胡说
    看
你 在墙上 写 什么呀！

3. 说……就……

    说 下 就 下。
        走   走。
        开始   开始。
        出国   出国。

5 天气预报怎么说

练习 Exercises

一、词语练习 Exercises in words and expressions

（一）给下面的动词加上宾语 Add objects to the following verbs

1. 爬_____ 2. 刮_____ 3. 下_____ 4. 滑_____
5. 拍_____ 6. 避_____ 7. 冒_____ 8. 带_____

（二）把下面的词语补全，表示一种天气现象 Complete the following words or expressions to describe different kinds of weather

1. _____天 2. _____天 3. 多_____
4. _____雨 5. _____雪

（三）用"都"和"才"填空 Fill in the blanks with "都" or "才"

1. _____4点半了，还不下课。
2. 急什么，现在_____6点半，离上课还有一个半小时呢。
3. 你_____已经大学毕业了，怎么做事还像个小孩子？
4. _____10点了，早点儿睡吧，明天还要早起呢。
5. 颐和园我_____去了五次了，不想再去了。
6. 他都20岁了，_____这么高。
7. 我_____说了三遍了，你还没听懂。
8. 这孩子_____半岁多就能说话了。
9. 他一个月_____花1000块钱，我不到一个月_____花了2000块钱了。

二、根据课文回答问题，然后连成一段话 Answer the following questions according to the texts, and then connect your answers into a paragraph

（一）1. 马丁和比尔原来计划今天去爬山吗？
2. 昨天和今天的天气怎么样？
3. 今天爬山需要带上什么？

75

（二）1. 夏天天气有什么特点？

2. 最近天气怎么样？

3. 下雨后的感觉怎么样？

（三）1. 王红老家冬天的天气怎么样？

2. 冬天去王红老家可以做什么？

3. 苏珊什么时候去王红家玩儿？

三、按照要求完成下面的任务　Finish the following tasks as instructed

（一）用"再"造句　Make sentences with "再"

1. 你已经两天没来上课了，＿＿＿＿＿＿＿＿＿＿＿＿＿＿＿＿。

2. 已经一个多月没下雨了，＿＿＿＿＿＿＿＿＿＿＿＿＿＿＿＿。

3. 你已经买了三件衣服了，我只带了600块钱，＿＿＿＿＿＿＿。

4. 我已经等了他半个小时了，＿＿＿＿＿＿＿＿＿＿＿＿＿＿＿。

5. 这个电影真好，我已经看了两遍了，＿＿＿＿＿＿＿＿＿＿＿。

6. 她已经发烧快三天了，＿＿＿＿＿＿＿＿＿＿＿＿＿＿＿＿＿。

（二）给下面的动词或形容词加上程度补语　Fill in the complements of degree to the following verbs or adjectives

1. 天气热得＿＿＿＿＿＿＿＿＿＿＿＿＿＿＿＿＿＿＿。

2. 他气得＿＿＿＿＿＿＿＿＿＿＿＿＿＿＿＿＿＿＿＿。

3. 他冻得＿＿＿＿＿＿＿＿＿＿＿＿＿＿＿＿＿＿＿＿。

4. 他爬山累得＿＿＿＿＿＿＿＿＿＿＿＿＿＿＿＿＿＿。

5. 他饿得＿＿＿＿＿＿＿＿＿＿＿＿＿＿＿＿＿＿＿＿。

6. 他疼得＿＿＿＿＿＿＿＿＿＿＿＿＿＿＿＿＿＿＿＿。

7. 他感动得＿＿＿＿＿＿＿＿＿＿＿＿＿＿＿＿＿＿＿。

8. 他困得＿＿＿＿＿＿＿＿＿＿＿＿＿＿＿＿＿＿＿＿。

天气预报怎么说 5

四、用本课的"口语基本句"完成对话
Complete the following dialogues with the Basic Sentences of this lesson

1. A：今天我请你吃饭，下午5点门口见。
   B：_____。

2. A：这风什么时候能停啊？
   B：_____。

3. A：_____？
   B：明天阴有小雨。

4. A：你不是说今天去西单吗？怎么还不走啊？
   B：_____。

5. A：明天我请你吃饭。
   B：_____。

五、用本课的"口语格式"完成对话 Complete the following dialogues with the Oral Patterns of this lesson

1. A：听说他病了，现在好点儿了吗？
   B：_____。

2. A：他和女朋友分手了，真的吗？
   B：_____。（胡说）

3. A：我们现在去打乒乓球吧。
   B：好啊，_____，马上出发。

六、角色练习 Role play

A和B在路上相遇，A向B询问明天的天气情况。

77

七、请你说一说 Please talk about the following topics

1. 最近的天气怎么样?
2. 说说你们国家春、夏、秋、冬的天气。
3. 你最讨厌什么样的天气?为什么?
4. 你觉得天气和心情有关系吗?为什么?

相关词语 Useful Words and Expressions

晴天	qíng tiān	sunny day
阴天	yīn tiān	overcast
阵风	zhènfēng	gust
小雨	xiǎoyǔ	light rain
大雨	dàyǔ	heavy rain, ding-on
阵雨	zhènyǔ	shower
暴雨	bàoyǔ	rainstorm
小雪	xiǎoxuě	light snow
大雪	dàxuě	heavy snow
雨夹雪	yǔ jiā xuě	sleet
风暴	fēngbào	snowstorm
地震	dìzhèn	earthquake
台风	táifēng	typhoon

天气预报怎么说 5

干旱	gānhàn	drought
水灾	shuǐzāi	flood
洪涝	hónglào	flood
风和日丽	fēng hé rì lì	sunny and warm
秋高气爽	qiū gāo qì shuǎng	the sky in autumn is high and the air is brisk
严冬	yándōng	harsh winter day
冰天雪地	bīng tiān xuě dì	a world of ice and snow
春暖花开	chūn nuǎn huā kāi	warm spring with blossom
冰冻	bīngdòng	frost
沙尘暴	shāchénbào	dust storm
闪电	shǎndiàn	lightning
打闪	dǎshǎn	lightning
打雷	dǎléi	thunder
大雾	dà wù	heavy fog
浓雾	nóng wù	heavy fog
露水	lùshui	dew
露珠	lùzhū	dewdrop
雪花	xuěhuā	snowflake
雪片	xuěpiàn	snowflake

Nǐ Zuìjìn Hǎoxiàng Zǒng Shì Bù Gāoxìng
你最近好像总是不高兴

You always seem unhappy these days

Wǒ xiànzài hěn fán.
1. 我现在很烦。

Shuō zhēn de.
2. 说真的。

Bú huì ba?
3. 不会吧?

Shíjiān shì jǐ chulai de.
4. 时间是挤出来的。

Tiān a!
5. 天啊!

Piàoliang shénme ya?
6. 漂亮什么呀?

第六课 你最近好像总是不高兴
Nǐ Zuìjìn Hǎoxiàng Zǒng Shì Bù Gāoxìng
You always seem unhappy these days

生词一 New Words One

1	总是	zǒng shì			always
2	烦	fán	形/动	丙	annoyed; to irritate
3	男朋友	nánpéngyou	名		boyfriend
4	闹别扭	nào bièniu			to be at odds
5	自从	zìcóng	介	乙	since, from
6	成绩	chéngjì	名	甲	(test) result, score
7	下降	xiàjiàng	动	丙	to fall, to decline
8	掌握	zhǎngwò	动	丙	to grasp, to master, to know well
9	烦心	fánxīn	形		annoying, vexatious

课文一 Text One

苏 珊：保拉，你最近好像总是不高兴，怎么了？
保 拉：苏珊，我现在很烦。

苏　珊：跟男朋友闹别扭了？
保　拉：唉，说真的，我觉得他对我不是很好。
苏　珊：我觉得他对你挺好的呀。
保　拉：看来你根本不了解我们。
苏　珊：可你们不是天天在一起吗？
保　拉：他不喜欢我跟别人交往，我觉得我的朋友越来越少了。

苏　珊：不会吧？跟你在一起玩儿的朋友不是挺多的吗？
保　拉：没几个。还有，自从跟他交往以后，我觉得我的学习成绩下降了。
苏　珊：不是吧？你是不是学习方法有问题呀？
保　拉：还有，……
苏　珊：唉，没想到你的烦心事这么多啊！

Sūshān: Bǎolā, nǐ zuìjìn hǎoxiàng zǒng shì bù gāoxìng, zěnme le?
　Bǎolā: Sūshān, wǒ xiànzài hěn fán.
Sūshān: Gēn nánpéngyou nào bièniu le?
　Bǎolā: Ài, shuō zhēn de, wǒ juéde tā duì wǒ bú shì hěn hǎo.
Sūshān: Wǒ juéde tā duì nǐ tǐng hǎo de ya.
　Bǎolā: Kànlái nǐ gēnběn bù liǎojiě wǒmen.
Sūshān: Kě nǐmen bú shì tiāntiān zài yìqǐ ma?
　Bǎolā: Tā bù xǐhuan wǒ gēn biéren jiāowǎng, wǒ juéde wǒ de péngyou yuè lái yuè shǎo le.
Sūshān: Bú huì ba? Gēn nǐ zài yìqǐ wánr de péngyou bú shì tǐng duō de ma?
　Bǎolā: Méi jǐ gè. Hái yǒu, zìcóng gēn tā jiāowǎng yǐhòu, wǒ juéde wǒ de

xuéxí chéngjì xiàjiàng le.
Sūshān: Bú shì ba? Nǐ shì bu shì xuéxí fāngfǎ yǒu wèntí ya?
Bǎolā: Hái yǒu, ……
Sūshān: Ài, méi xiǎngdào nǐ de fánxīn shì zhème duō a!

生词二　New Words Two

1	精读	jīngdú	动		to read carefully and thoroughly
2	辅导	fǔdǎo	动	甲	to guide, to tutor
3	教授	jiàoshòu	名	乙	professor
4	报名	bàomíng	动	乙	to register
5	写作	xiězuò	动	丙	to write, to compose
6	武术	wǔshù	名	乙	martial arts
7	挤	jǐ	动	甲	to squeeze
8	有用	yǒu yòng		乙	useful
9	安排	ānpái	动	甲	to arrange, to plan
10	紧	jǐn	形	甲	tight
11	无论如何	wúlùn rúhé		丙	whatever, in any case

课文二　Text Two

马　丁：我听说你这次精读考试得了90分？
比　尔：是啊，看来我的辅导班真没白上。

83

马　丁：那个辅导班好像是王教授上课吧？
比　尔：对，上课的时候学生都必须说汉语。
马　丁：这样的话，我也想去报个名。
比　尔：你不是在上口语和写作辅导班吗？
马　丁：是啊，一、三、五上口语班，二、四上写作班。
比　尔：星期六你不是还要去学武术吗？还有时间吗？
马　丁：只有星期天了。
比　尔：那你还有时间休息吗？
马　丁：时间是挤出来的，多学点儿总是有用的。
比　尔：我还是觉得你安排得太紧了，无论如何你也得休息一天啊。
马　丁：汉语这么重要，不学好不行啊。
比　尔：说的也是。

Mǎdīng: Wǒ tīngshuō nǐ zhè cì jīngdú kǎoshì déle jiǔshí fēn?
　Bǐ'ěr: Shì a, kànlái wǒ de fǔdǎo bān zhēn méi bái shàng.
Mǎdīng: Nàge fǔdǎo bān hǎoxiàng shì Wáng jiàoshòu shàngkè ba?
　Bǐ'ěr: Duì, shàngkè de shíhou xuésheng dōu bìxū shuō Hànyǔ.
Mǎdīng: Zhèyàng dehuà, wǒ yě xiǎng qù bào ge míng.
　Bǐ'ěr: Nǐ bú shì zài shàng kǒuyǔ hé xiězuò fǔdǎo bān ma?
Mǎdīng: Shì a, yī, sān, wǔ shàng kǒuyǔ bān, èr, sì shàng xiězuò bān.
　Bǐ'ěr: Xīngqīliù nǐ bú shì hái yào qù xué wǔshù ma? Hái yǒu shíjiān ma?
Mǎdīng: Zhǐ yǒu xīngqītiān le.
　Bǐ'ěr: Nà nǐ hái yǒu shíjiān xiūxi ma?
Mǎdīng: Shíjiān shì jǐ chulai de, duō xué diǎnr zǒng shì yǒu yòng de.
　Bǐ'ěr: Wǒ háishi juéde nǐ ānpái de tài jǐn le, wúlùn rúhé nǐ yě děi xiūxi yì tiān a.

你最近好像总是不高兴

Mǎdīng: Hànyǔ zhème zhòngyào, bù xuéhǎo bù xíng a.

Bǐ'ěr: Shuō de yě shì.

生词三　New Words Three

1	头发	tóufa	名	乙	hair
2	好看	hǎokàn	形	甲	good-looking
3	染	rǎn	动	乙	to dye
4	颜色	yánsè	名	甲	colour
5	参加	cānjiā	动	甲	to take part in
6	篮球	lánqiú	名	甲	basketball
7	拉拉队	lālāduì	名		cheering squad
8	醒目	xǐngmù	形		eye-catching
9	难道	nándào	副	乙	*used in a rhetorical question for emphasis*
10	干涉	gānshè	动	丙	to interfere, to intervene
11	私生活	sīshēnghuó	名		personal or private life
12	让步	ràngbù	动	丁	to give in, to yield

课文三　Text Three

王　红：张林，你看，我的头发好看吗？

张　林：天啊！你怎么把头发染成这种颜色了？

85

王　红：我要去参加一个篮球拉拉队，大家都得染成这种颜色。

张　林：参加拉拉队，为什么要染这种奇怪的颜色？

王　红：醒目呀，难道你不觉得我的头发很漂亮吗？

张　林：漂亮什么呀？你明天就去把头发染回来。

王　红：不行，你可不要干涉我的私生活啊。

张　林：你应该学会让步。

王　红：那你为什么不让步呢？

Wáng Hóng: Zhāng Lín, nǐ kàn, wǒ de tóufa hǎokàn ma?

Zhāng Lín: Tiān a! Nǐ zěnme bǎ tóufa rǎn chéng zhè zhǒng yánsè le?

Wáng Hóng: Wǒ yào qù cānjiā yí ge lánqiú lālāduì, dàjiā dōu děi rǎn chéng zhè zhǒng yánsè.

Zhāng Lín: Cānjiā lālāduì, wèi shénme yào rǎn zhè zhǒng qíguài de yánsè?

Wáng Hóng: Xǐngmù ya, nándào nǐ bù juéde wǒ de tóufa hěn piàoliang ma?

Zhāng Lín: Piàoliang shénme ya? Nǐ míngtiān jiù qù bǎ tóufa rǎn huilai.

Wáng Hóng: Bù xíng, nǐ kě bú yào gānshè wǒ de sīshēnghuó a.

Zhāng Lín: Nǐ yīnggāi xuéhuì ràngbù.

Wáng Hóng: Nà nǐ wèi shénme bú ràngbù ne?

语言点注释　Notes on Grammar

1. 看来我的辅导班真没白上。 It seems that taking the tutorial class wasn't an effort in vain.

"白 + V"表示做了一件事但是没有效果，没有达到目的。例如：

"白 + V" means doing something is ineffective or failing to achieve the purpose. For example:

6 你最近好像总是不高兴

看来我的话是白说了,他一点儿都没听。

上星期刚修的手机又坏了,看来那100块钱是白花了。

今天真没白来,想办的事都办好了。

2. **汉语这么重要了,不学好不行啊。** Chinese language is so important that it is a must to study the language well.

"不/没有……不行",双重否定表示的是肯定的意思。例如:
The double negative structure "不/没有……不行" indicates an affirmation. For example:

你不来不行。

他不学习不行。

我们没有地图不行。

那儿离这儿太远,没有车不行。

3. **难道你不觉得我的头发很漂亮吗?** Don't you think my hair is beautiful?

"难道"加强反问语气。句末常有"吗"或"不成"例如:
"难道" is used for emphasis in a rhetorical question. "吗" or "不成" is often used at the end of the sentence. For example:

难道你一点儿同情心也没有吗?

你难道一直不知道吗?

我们连死都不怕,难道还怕这点儿困难不成?

这种事情难道见得还少吗?

4. **你明天就去把头发染回来。** Dye your hair back to the original colour tomorrow.

"V+回来"表示人或事物随动作从别处到原处。例如:
"V+回来" indicates somebody or something is brought back to the original place or state. For example:

你把我的字典拿回来。
他把报纸取回来了。
请你把我的东西送回来好吗?

口语 基本句 Basic Sentences

Wǒ xiànzài hěn fán.
1. 我现在很烦。   I feel terribly upset now.

Shuō zhēn de.
2. 说真的。   Seriously.

Bú huì ba?
3. 不会吧?   Really? / I don't believe it.

Shíjiān shì jǐ chulai de.
4. 时间是挤出来的。   Time can be squeezed out of a busy schedule.

Tiān a!
5. 天啊!   My God!

Piàoliang shénme ya?
6. 漂亮什么呀?   It's not beautiful at all.

口语 格式 Oral Patterns

1. 看来……

看来 你根本不了解我们。
我是没什么希望了。
今天要下雪了。
这次考试不会有好成绩了。

6 你最近好像总是不高兴

2. 不是……吗？

  你们　**不是**　天天在一起　　**吗**？
  你　　　　　　不来了
  你　　　　　　不同意
  今天　　　　　没有考试
  我们　　　　　已经达到目的了

3. 这样的话，……

  这样的话，我也想去报个名。
     我再也不相信你了。
     我们得改时间了。
     大家都得不到好处。

4. 无论如何……都/也……

  无论如何　你　　　**也**　要休息一天。
     　你　　　**都**　得来。
     　自行车　**也**　没有汽车快。
     　你　　　**也**　得上大学。
     　大家　　**都**　要工作。

一、选词填空 Choose the right word to fill in each blank

　　　了解　　理想　　掌握　　安排　　让步　　干涉

1. 你们中间要是有一方愿意_____，这件事就好解决了。
2. 你知道明天的活动是怎么_____的吗?
3. 要想在短时间内_____一种语言，是很不容易的。
4. 我们还要进一步_____事实的真相。
5. 我认为父母不要过多地_____子女的生活。
6. 他的工作也还可以吧，但不是太_____。

二、根据课文回答问题，然后连成一段话 Answer the following questions according to the texts, and then connect your answers into a paragraph

(一) 1. 保拉为什么最近总是不高兴?
　　 2. 苏珊认为保拉与男朋友的关系怎么样?
　　 3. 保拉的烦心事有哪些?

(二) 1. 比尔考试为什么得了90分?
　　 2. 马丁已经上了哪些辅导班?
　　 3. 关于马丁的时间安排，比尔怎么看?

(三) 1. 王红为什么染头发了?
　　 2. 张林怎么看王红染头发这件事?
　　 3. 张林要王红怎么样? 王红同意吗?

三、按照要求完成下面的任务 Finish the following tasks as instructed

（一）用"白+V"改写句子 Rewrite the following sentences with the phrase "白+V"

1. 我去办公室了，但什么事都没办成。
2. 上星期我学了二十个生词，但现在都忘了。
3. 在电影院里，我睡着了，电影的内容我什么都没看到。

（二）用"无论如何"改写句子 Rewrite the following sentences with "无论如何"

1. 不管发生什么事，你都要准时到。
2. 你一定要在今天给我一个答复。
3. 我们不管怎么样都要在这个月内写完这篇文章。

（三）把下面的词语连成句子 Make sentences with the words given

1. 不行　下　外语　工夫　不　学
2. 任何　不行　信心　没有　做　事
3. 难道　吗　你　想　这么　的　是　真
4. 一点儿　吗　也　你　难道　不怕
5. 回来　吧　请　你　信　取　帮　我　把
6. 了　从　他　回来　走　地铁站

四、用本课的"口语基本句"完成对话 Complete the following dialogues with the Basic Sentences of this lesson

1. A：唉，我现在觉得学不好汉语了。

   B：_____？我觉得你进步挺快的。

2. A：你看起来不太高兴。

   B：是的，_____。

3. A：你有时间做这些事情吗？

　　B：_____。

4. A：你这张照片太漂亮了！

　　B：_____？看起来傻乎乎的。

5. A：我们不如骑车去吧。

　　B：_____！这么远，那还不累死？

五、用本课的"口语格式"完成对话　Complete the following dialogues with the Oral Patterns of this lesson

1. A：他也有错，我为什么一定要先给他道歉呢？

　　B：_____。

2. A：我一个人在国外，没有什么朋友，学习又很累，有时候真想回国。

　　B：_____。（坚持下去）

3. A：电影都已经开始了，他怎么还不来？票在他那里啊。

　　B：_____。

4. A：_____？怎么开始跑步了？

　　B：我太胖了，正在减肥呢。

六、角色练习　Role play

　　A和B同在一个班，是同学，他们两个都有很多烦心事，有些来自于学校，有些则来自于家庭。一天，他们两个谈起了各自的问题。

七、请你说一说　Please talk about the following topics

1. 在你们国家有没有很多课外辅导班？

2. 在你们国家，大学生有哪些烦心事？

3. 在你们国家，中小学生有哪些烦心事？

4. 你小的时候最喜欢什么课？最不喜欢什么课？

6 你最近好像总是不高兴

相关词语 Useful Words and Expressions

喜怒哀乐	xǐ nù āi lè	feelings of pleasure, anger, sorrow and joy
烦恼	fánnǎo	to be vexed, to be worried
忧愁	yōuchóu	troubled, worried, depressed
抑郁	yìyù	depressed, gloomy
精神分裂	jīngshén fēnliè	schizophrenic
羞涩	xiūsè	shy
困惑	kùnhuò	confused
恐慌	kǒnghuāng	panic
害怕	hàipà	fear, to be afraid, to be scared
欢笑	huānxiào	laughter
微笑	wēixiào	smile
悲伤	bēishāng	sad; sadness, sorrow
兴奋	xīngfèn	excited; excitement
无聊	wúliáo	bored
努力	nǔlì	to make great efforts; endeavor
补课	bǔkè	to make up a missed lesson
认真	rènzhēn	serious, earnest

精力	jīnglì	energy, vigour
执著	zhízhuó	persistent
勤奋	qínfèn	diligence
坚持	jiānchí	to insist on, to persist in, to stick to
奋斗	fèndòu	to strive for
开夜车	kāi yèchē	to burn the midnight oil
自信	zìxìn	self-confidence
紧张	jǐnzhāng	nervous, anxious
自豪	zìháo	to be proud of
骄傲	jiāo'ào	to pride
尴尬	gāngà	embarrassed
镇定	zhèndìng	composed; composedness
时尚	shíshàng	vogue, fashion; fashionable
激动	jīdòng	to excite, to agitate
愤怒	fènnù	outrage
生气	shēngqì	to get angry
烦躁	fánzào	to be worried and fretted

综合练习题（一）
Comprehensive Exercises（Ⅰ）

第一部分	书面题
Part Ⅰ	Written Exercises

一、选择合适的词语填空

　　Choose the right word to fill in each blank

1. 你怎么了？_____男朋友分手了吗？
    A. 跟　　　　B. 向　　　　C. 怎么　　　　D. 什么

2. 我现在时间安排得很紧，_____星期天才能休息。
    A. 只能　　　B. 只会　　　C. 不只　　　　D. 只有

3. _____你不觉得烤鸭很好吃吗？
    A. 也许　　　B. 难怪　　　C. 难道　　　　D. 可能

4. 他_____12岁，就已经长得很高了。
    A. 才　　　　B. 都　　　　C. 就　　　　　D. 只

5. 我老家那里冬天_____下雪。
    A. 往往　　　B. 常常　　　C. 仅仅　　　　D. 尝尝

二、选词填空

Choose the right word to fill in each blank

> 详细　　放松　　交往　　毕业　　当地　　遇到　　要紧　　总是

1. 如果你有任何问题，可以找_____派出所。
2. 我们_____不多，彼此不是很熟悉。
3. 他向我们_____介绍了这座城市的历史。
4. 这些天他_____在那棵大树旁边坐着。
5. 无论你_____什么困难，都不要着急。
6. 这些天我们没什么_____的事。
7. 大学_____以后，就再也没有同学知道她的消息了。
8. 你最近总是加班，肯定很累，到这里_____一下吧。

三、选择合适的句子填空

Choose the right sentence to fill in each blank

> 几点见面　　　　有时间再来玩儿　　我现在很烦
> 时间是挤出来的　　那说好了　　　　路上堵吗　　别提了
> 到时候给我打电话吧　我把这事给忘了　　这鬼天气

1. _____，最好别跟我开玩笑。
2. 别总说自己没有时间，_____。
3. _____？晚上7点怎么样？
4. 对不起，_____，下周给你办。
5. _____，明天下午我们一起去。

6. _____，我一下飞机就把手机丢了。

7. _____？现在正是下班的时间。

8. _____，一个星期都在下雨，烦死了！

9. 路上注意安全，_____。

10. 你们什么时候去爬山，_____。

四、用指定格式完成句子

Complete the following sentences with the words or patterns given

1. 你是英国人呀，_____。（我还以为……）

2. _____，你马上准备一下。（说……就……）

3. 他很高兴，_____。（看来……）

4. 我为什么要听你的？_____？（难道）

5. _____，赶快做决定吧。（是……还是……）

五、用指定格式改写句子

Rewrite the following sentences with the patterns given

1. 我很生气，因为他不记得我的生日了。
   （连……都……）

   _____。

2. 这台电脑什么都好，不过有点儿贵。
   （就是）

   _____。

3. 这里非常安静,一点儿声音也没有。
   (好……啊)
   _____。

4. 现在晚上 11 点了,你该睡觉了。
   (都)
   _____。

5. 房间太乱了,我今天必须收拾。
   (不……不行)
   _____。

6. 现在这本书还有很多。
   (……多的是)
   _____。

7. 这部电影一点儿也不好看。
   (……什么呀)
   _____。

8. 那个岛上非常非常热。
   (形容词+得+要命)
   _____。

9. 不管怎么样,我都要做完今天的工作。
   (无论如何……都……)
   _____。

10. 他对我们都很客气。
    (可……了)
    _____。

六、用指定格式完成对话

Complete the dialogues with the patterns given

1. A：你的这些想法很天真，根本实现不了。
   B：＿＿＿＿＿＿＿＿＿＿＿＿＿＿＿＿。（让你这么一说，……）

2. A：星期天你怎么没去参加林娜的生日聚会？
   B：＿＿＿＿＿＿＿＿＿＿＿＿＿＿＿＿。（我怎么知道……）

3. A：听说你考试那天忘了带笔。
   B：是啊，＿＿＿＿＿＿＿＿＿＿＿＿＿。（好在……）

4. A：你怎么到现在才打电话？
   B：＿＿＿＿＿＿＿＿＿＿＿＿＿＿＿＿。（别提了，……）

5. A：怎么最近没看见他们在一起？
   B：＿＿＿＿＿＿＿＿＿＿＿＿＿＿＿＿。（别是……了吧）

6. A：这本书你很早就买了吗？
   B：没有，＿＿＿＿＿＿＿＿＿＿＿＿＿。（刚……不久）

第二部分	口语题
Part II	Oral Exercises

一、在什么时候会用到下面的句子

Please tell in what situations we will say the following sentences

1. 别拿我开玩笑了。
2. 怎么了？出什么事了？

3. 用不着记了。

4. 真不错！

5. 请留步。

6. 谁也说不准。

7. 天啊！

二、角色练习（可选择一题）

Role play: you may choose one of the following situations

1. 你和你的同屋商量假期的计划。
2. 你的朋友丢了东西，你给他一些建议。
3. 你是一个家长，你的孩子不喜欢学习，天天上网玩儿游戏，你怎么劝他？
4. 你到朋友家做客。

三、话题表达（可选择一题）

Topics for your talk: you may choose one of them

1. 在你们国家，人们一般怎么过周末？
2. 在你们国家，遇到紧急情况一般会怎么做？举一两个例子。
3. 丢了贵重的东西你会怎么做？
4. 说说你家乡的天气情况，跟你熟悉的另一个城市比较一下。
5. 你喜欢哪个季节？为什么？
6. 讲一个你上小学、中学或者大学时的故事。

7. Wǒ Zài Hē Jiǎnféi Chá
我在喝减肥茶
I've been drinking slimming tea

1. Gàosu nǐ yí ge hǎo fāngfǎ ba.
   告诉你一个好方法吧。

2. Gànmá bù zǎo gàosu wǒ a?
   干吗不早告诉我啊?

3. Guǎnyòng ma?
   管用吗?

4. Míngtiān yǒu shìr ma?
   明天有事吗?

5. Wǒmen kāishǐ ba.
   我们开始吧。

6. Nǐ zhùyì ānquán a!
   你注意安全啊!

第七课 我在喝减肥茶
Wǒ Zài Hē Jiǎnféi Chá
I've been drinking slimming tea

生词一 New Words One

1	明显	míngxiǎn	形	乙	clear, obvious
2	方法	fāngfǎ	名	甲	way, method, solution
3	怕	pà	动	甲	to be afraid
4	减肥	jiǎnféi	动		to lose weight, to slim
5	管用	guǎnyòng	形		useful, effective
6	专门	zhuānmén	副	乙	specially
7	盒	hé	名	乙	box, especially a small one

课文一 Text One

(在超市)

苏　珊：你最近怎么又瘦了？

保　拉：真的？

苏　珊：太明显啦！我一直都在跑步，怎么还没你瘦呀？

保　拉：告诉你一个好方法吧。

7 我在喝减肥茶

苏　珊：什么好方法？干吗不早告诉我啊？
保　拉：我怕你不相信。我在喝减肥茶。
苏　珊：就是那天广告上说的那个？管用吗？
保　拉：你试试就知道了。
苏　珊：那你今天是专门来买减肥茶的吧？
保　拉：是啊。已经喝了一个月了。
苏　珊：那我也买一些试试。
保　拉：你看，就是这个牌子的。
苏　珊：太好了！我也买几盒。

(Zài chāoshì)

Sūshān: Nǐ zuìjìn zěnme yòu shòu le?

Bǎolā: Zhēn de?

Sūshān: Tài míngxiǎn la! Wǒ yìzhí dōu zài pǎobù, zěnme hái méi nǐ shòu ya?

Bǎolā: Gàosu nǐ yí ge hǎo fāngfǎ ba.

Sūshān: Shénme hǎo fāngfǎ? Gànmá bù zǎo gàosu wǒ a?

Bǎolā: Wǒ pà nǐ bù xiāngxìn. Wǒ zài hē jiǎnféi chá.

Sūshān: Jiù shì nà tiān guǎnggào shang shuō de nàge? Guǎnyòng ma?

Bǎolā: Nǐ shìshi jiù zhīdao le.

Sūshān: Nà nǐ jīntiān shì zhuānmén lái mǎi jiǎnféi chá de ba?

Bǎolā: Shì a. Yǐjīng hēle yí ge yuè le.

Sūshān: Nà wǒ yě mǎi yìxiē shìshi.

Bǎolā: Nǐ kàn, jiù shì zhège páizi de.

Sūshān: Tài hǎo le! Wǒ yě mǎi jǐ hé.

生词二 New Words Two

1	健身房	jiànshēnfáng	名		gymnasium
2	到期	dàoqī	动	丁	to become due
3	落伍	luòwǔ	动		to be outdated, to be out of date
4	健身	jiànshēn	动		to keep fit
5	时尚	shíshàng	名/形		vogue, fashion; fashionable
6	胖	pàng	形	乙	fat
7	不见得	bújiàndé	副	丙	not necessarily, not likely

课文二 Text Two

比　尔：明天有事吗？

马　丁：怎么？去喝酒？

比　尔：去健身房。我以前办了一张健身卡，快到期了。

马　丁：好啊。

……

（在健身房）

马　丁：看不出来，你还喜欢这个。

比　尔：落伍了吧。现在健身是一种时尚。再说，不健身的话，很容易长胖的。

马　丁：减肥可以喝减肥茶，挺管用的。

7 我在喝减肥茶

比　尔：那些东西只能帮助减肥，对身体不见得有好处。
马　丁：可我的一个朋友才喝了一个月，就瘦了很多。
比　尔：我不信那个，我觉得运动挺好的。
马　丁：好是好，就是太累了。来这儿的人还真不少！
比　尔：好了，我们开始吧。你注意安全啊！
马　丁：知道了。

Bǐ'ěr: Míngtiān yǒu shìr ma?
Mǎdīng: Zěnme? Qù hē jiǔ?
Bǐ'ěr: Qù jiànshēnfáng. Wǒ yǐqián bànle yì zhāng jiànshēn kǎ, kuài dàoqī le.
Mǎdīng: Hǎo a.

……

（Zài jiànshēnfáng）

Mǎdīng: Kàn bu chūlái, nǐ hái xǐhuan zhège.
Bǐ'ěr: Luòwǔle ba. Xiànzài jiànshēn shì yì zhǒng shíshàng. Zàishuō, bú jiànshēn dehuà, hěn róngyì zhǎng pàng de.
Mǎdīng: Jiǎnféi kěyǐ hē jiǎnféi chá, tǐng guǎnyòng de.
Bǐ'ěr: Nàxiē dōngxi zhǐ néng bāngzhù jiǎnféi, duì shēntǐ bújiànde yǒu hǎochu.
Mǎdīng: Kě wǒ de yí ge péngyou cái hēle yí ge yuè, jiù shòule hěn duō.
Bǐ'ěr: Wǒ bú xìn nàge, wǒ juéde yùndòng tǐng hǎo de.
Mǎdīng: Hǎo shì hǎo, jiùshì tài lèi le. Lái zhèr de rén hái zhēn bùshǎo!
Bǐ'ěr: Hǎo le, wǒmen kāishǐ ba. Nǐ zhùyì ānquán a!
Mǎdīng: Zhīdao le.

生词三 New Words Three

1	操场	cāochǎng	名	甲	playground, sports ground
2	嗨	hēi	叹		(*used to call attention*) hey
3	常客	chángkè	名		regular visitor
4	怪不得	guàibude	副	丙	no wonder, so that's why
5	倒	dào	副		*used to indicate sth. is contrary to what is expected or thought*
6	除了	chúle	介	甲	besides
7	有时	yǒushí	副	乙	sometimes, at times
8	爱好	àihào	名/动	乙	hobby; to be interested in

课文三 Text Three

（在操场）

比　尔：嗨！你也来减肥啊？

王　红：不是，我是来运动的。

比　尔：常来吗？以前没见过你啊。

王　红：我只是周末的时候才来跑一跑。你呢？

比　尔：我是这儿的常客，每周一、三、五都来。

王　红：怪不得最近变瘦了。

比　尔：别拿我开玩笑了。你觉得我胖吗？

7 我在喝减肥茶

王　红：不胖啊。

比　尔：我跑步倒不是为了减肥，而是为了健身。

王　红：除了跑步，你还做别的运动吗？

比　尔：多了。有时去健身房，有时打打篮球、乒乓球什么的。

王　红：你的爱好还真多！改天我们去打乒乓球吧。

比　尔：好啊。不要说话了，跑步的时候说话很容易肚子疼。

王　红：好，下周末我打电话约你！

（Zài cāochǎng）

Bǐ'ěr: Hēi! Nǐ yě lái jiǎnféi a?

Wáng Hóng: Bú shì, wǒ shì lái yùndòng de.

Bǐ'ěr: Cháng lái ma? Yǐqián méi jiànguo nǐ a.

Wáng Hóng: Wǒ zhǐshì zhōumò de shíhou cái lái pǎo yi pǎo. Nǐ ne?

Bǐ'ěr: Wǒ shì zhèr de chángkè, měi zhōu yī, sān, wǔ dōu lái.

Wáng Hóng: Guàibude zuìjìn biàn shòu le.

Bǐ'ěr: Bié ná wǒ kāi wánxiào le. Nǐ juéde wǒ pàng ma?

Wáng Hóng: Bú pàng a.

Bǐ'ěr: Wǒ pǎobù dào bú shì wèile jiǎnféi, ér shì wèile jiànshēn.

Wáng Hóng: Chúle pǎobù, nǐ hái zuò bié de yùndòng ma?

Bǐ'ěr: Duō le. Yǒushí qù jiànshēnfáng, yǒushí dǎda lánqiú, pīngpāngqiú shénmede.

Wáng Hóng: Nǐ de àihào hái zhēn duō! Gǎitiān wǒmen qù dǎ pīngpāngqiú ba.

Bǐ'ěr: Hǎo a. Búyào shuōhuà le, pǎobù de shíhou shuōhuà hěn róngyì dùzi téng.

Wáng Hóng: Hǎo, xià zhōumò wǒ dǎ diànhuà yuē nǐ!

语言点注释 Notes on Grammar

1. **我一直都在跑步,怎么还没你瘦呀?** I have been jogging all along, why am I still not as slim as you?

   "一直",副词,表示动作持续不断或状态持续不变。例如:
   The adverb "一直" indicates the incessancy of a certain action or state. For example:

   最近,雨一直下个不停。

   他们俩结婚后,关系一直不好。

   昨天晚上,他一直在房间里写作业。

2. **怪不得最近变瘦了。** No wonder you are thinner recently.

   "怪不得"表示明白了某个原因,不再感到奇怪。"怪不得"用在表示结果的句子上,可以放在前边,也可以放在后边。例如:
   "怪不得" means "no wonder". It is used in a clause of result which can be placed before or after the clause of reason. For example:

   他这几天住院了,怪不得我没看见他。

   怪不得今天商场这么多人,原来在打五折。

   他在中国生活了很多年,怪不得他的汉语那么好。

3. **我跑步倒不是为了减肥,而是为了健身。** I jog not to lose weight, but to keep fit.

   "倒不是……,而是……"表示选择关系。"倒不是"否定对方或一般的看法,"而是"说明新的、正确的观点或看法。例如:
   "倒不是……,而是……" is used to express an alternative relationship. "倒不是" negates a generally accepted viewpoint or that from the other party, "而是" is used to illustrate the new and right point of view. For example:

我去北京倒不是为了旅行，而是为了进一步提高我的汉语水平。

我和他结婚倒不是因为他长得帅，而是因为他善良。

我倒不是觉得不可以，而是觉得这样做有点儿不合适。

4. 有时去健身房，有时打打篮球、乒乓球什么的。 Sometimes I go to the gymnasium; sometimes I play basketball or table tennis etc.

"有时……，有时……" 表示某范围内不确定的活动或因素等。例如：
"有时……，有时……" means "sometimes...; sometimes...." For example:

周末，他有时在宿舍，有时和朋友一起去酒吧。

星期五的晚上，我有时跑步，有时打乒乓球。

他有时在教室，有时在宿舍，一般不去别的地方。

口语 基本句 Basic Sentences

1. *Gàosu nǐ yí ge hǎo fāngfǎ ba.*
   告诉你一个好方法吧。   Let me tell you a good solution.

2. *Gànmá bù zǎo gàosu wǒ a?*
   干吗不早告诉我啊？   Why didn't you tell me earlier?

3. *Guǎnyòng ma?*
   管用吗？   Does it work?

4. *Míngtiān yǒu shìr ma?*
   明天有事吗？   Do you have time tomorrow?

5. *Wǒmen kāishǐ ba.*
   我们开始吧。   Let's get started.

6. *Nǐ zhùyì ānquán a!*
   你注意安全啊！   Be careful! / Take care.

口语 格式　Oral Patterns

1. 看不出来，你还……

   看不出来，你还　喜欢这个。
   　　　　　　　　会说日语。
   　　　　　　　　有这本事。
   　　　　　　　　会打网球。

2. 才……就……

   我的一个朋友　才　喝了一个月，　就　瘦了很多。
   她汉语　　　　　　学了半年　　　　　能看中文电影了。
   他钢琴　　　　　　练了一年，　　　　接近专业水平了。
   他们认识　　　　　两个星期，　　　　结婚了。

3. 怪不得……

   　　　　　　　　怪不得　最近变瘦了。
   老师生病了，　　　　　　今天不上课了。
   他去旅行了，　　　　　　宿舍电话总是没人接。
   她妈妈是中国人，　　　　她的汉语说得那么好。

7 我在喝减肥茶

练习 Exercises

一、根据课文回答问题，然后连成一段话 Answer the following questions according to the texts, and then connect your answers into a paragraph

(一) 1. 保拉最近瘦了吗？为什么？
2. 保拉为什么不早告诉苏珊？
3. 保拉今天到超市干什么？
4. 苏珊决定买减肥茶了吗？

(二) 1. 比尔为什么请马丁去健身房？
2. 比尔觉得健身怎么样？
3. 比尔相信减肥茶吗？为什么？
4. 马丁觉得运动怎么样？

(三) 1. 王红去操场干什么？
2. 比尔常常去操场吗？
3. 比尔为什么跑步？
4. 比尔和王红约好下周末干什么？

二、根据课文内容填空 Fill in the blanks based on the texts

保拉最近（　　）瘦了。苏珊一直在（　　），可是还没保拉瘦。保拉告诉苏珊她正在（　　）减肥茶，她已经喝了（　　）了，今天是（　　）来买减肥茶的。苏珊也想买一些（　　）。保拉告诉苏珊她一直喝这个（　　）的。

比尔明天想去（　　），因为他的健身卡快（　　）了。比尔说现在健身是一种（　　），不健身的话，很容易（　　）。马丁说喝减肥茶也挺（　　）的，可是比尔觉得减肥茶（　　）身体没什么好处。马丁说运动好（　　）好，（　　）太累了。

比尔在操场上（　　）了王红。王红说她只是（　　）的时候才来跑步。比尔说他是这儿的（　　），每周一、三、五（　　）来。他还说跑步倒不是为了减肥，（　　）为了健身。比尔（　　）跑步以外，有时（　　）去健身房，打打篮球、乒乓球什么的。下周末，王红打电话（　　）比尔一起去打乒乓球。

三、按照要求完成下面的任务　Finish the following tasks as instructed

（一）把下面的词语连成句子　Make sentences with the words given

1. 一直　喜欢　不　我　他
2. 中国　为了　了解　的　中国　文化　来　是　他
3. 周末　时候　的　我　打电话　常常　给　家里
4. 以后　我　一直　毕业　大学　见到　没有　他
5. 瘦　他　最近　变　很多　了

（二）根据上下文完成对话　Complete the dialogues based on the context

1. A：你有好方法，干吗不早告诉我啊？
   B：＿＿＿＿＿＿＿＿＿＿＿＿＿＿＿

2. A：你觉得广告上说的那个减肥茶管用吗？
   B：＿＿＿＿＿＿＿＿＿＿＿＿＿＿＿

3. A：你常来这儿跑步吗？
   B：＿＿＿＿＿＿＿＿＿＿＿＿＿＿＿

4. A：你喜欢运动吗？
   B：＿＿＿＿＿＿＿＿＿＿＿＿＿＿＿

5. A：你明天有时间吗？
   B：＿＿＿＿＿＿＿＿＿＿＿＿＿＿＿

6. A：你最近怎么又瘦了很多？
   B：＿＿＿＿＿＿＿＿＿＿＿＿＿＿＿

7. A：除了跑步以外，你还做别的运动吗？

    B：_____

四、用本课的"口语基本句"完成对话 Complete the following dialogues with the Basic Sentences of this lesson

1. A：_____？

    B：我怎么知道你也想去啊！

2. A：我的字怎么总也写不好？

    B：_____。

3. A：_____？

    B：明天？好像没事。

4. A：时候不早了，我该走了。

    B：_____！

5. A：先吃饭，再喝酒，就不容易醉了。

    B：_____？

6. A：大家都准备好了吗？

    B：准备好了，_____。

五、用本课的"口语格式"完成对话 Complete the following dialogues with the Oral Patterns of this lesson

1. A：他每天都学习到很晚。

    B：_____。

2. A：听说他汉语学得特别快。

    B：是啊，_____。（三个月，翻译）

3. A：他做的饭非常好吃。

    B：_____。

六、角色练习　Role play

1. 你和你的朋友去买减肥茶。
2. 你和同屋去健身房。
3. 你在操场跑步时遇到了老师。

七、请你说一说　Please talk about the following topics

1. 喝减肥茶减肥好不好?
2. 你认为减肥有哪些方法?
3. 减肥和健身有没有不同? 谈谈你的看法。
4. 如果你很胖,你打算怎么减肥?

相关词语　Useful Words and Expressions

热量	rèliàng	quantity of heat
卡路里	kǎlùlǐ	calorie
素食者	sùshízhě	vegetarian
瘦身	shòu shēn	to lose weight
健美	jiànměi	vigorous and graceful
瑜伽	yújiā	yoga
太极拳	tàijíquán	Taiji boxing
有氧运动	yǒuyǎng yùndòng	aerobics
减肥胶囊	jiǎnféi jiāonáng	diet capsule

7 我在喝减肥茶

平衡	pínghéng	balance
膳食	shànshí	meal
营养	yíngyǎng	nutrition
维生素	wéishēngsù	vitamin
脂肪	zhīfáng	fat
蛋白质	dànbáizhì	protein
微量元素	wēiliàng yuánsù	microelement
节食	jiéshí	on diet
吸脂	xī zhī	liposuction
手术	shǒushù	operation, surgical operation
碳酸饮料	tànsuān yǐnliào	carbonic acid beverage
淀粉	diànfěn	fecula, starch
血压	xuèyā	blood pressure
体重	tǐzhòng	(body) weight
身高	shēngāo	stature, height
谷物	gǔwù	corn
燕麦	yànmài	oat
肥胖症	féipàng zhèng	adiposity
匀称	yúnchèn	shapely
营养不良	yíngyǎng bùliáng	cacotrophia, malnutrition, undernourishment
营养过剩	yíngyǎng guòshèng	over-nutrition

我也想 养只宠物
Wǒ Yě Xiǎng Yǎng Zhī Chǒngwù

I want to keep a pet, too

1. 路上堵车，来晚了。
   Lùshang dǔchē, lái wǎn le.

2. 那多不好意思啊。
   Nà duō bù hǎoyìsi a.

3. 我得走了。
   Wǒ děi zǒu le.

4. 真是太谢谢你了！
   Zhēn shì tài xièxie nǐ le!

5. 以后常联系吧。
   Yǐhòu cháng liánxì ba.

6. 这你就外行了。
   Zhè nǐ jiù wàiháng le.

7. 闲着也是闲着，……
   Xiánzhe yě shì xiánzhe, ……

第八课 我也想养只宠物
Wǒ Yě Xiǎng Yǎng Zhī Chǒngwù
I want to keep a pet, too

生词一 New Words One

1	网友	wǎngyǒu	名		net friend
2	商场	shāngchǎng	名	乙	mall
3	门口	ménkǒu	名	甲	entrance, doorway, gate
4	毛衣	máoyī	名	乙	(woolen) sweater
5	抱	bào	动	甲	to hold or carry in the arms
6	盒子	hézi	名		box, case, basket
7	照顾	zhàogù	动	甲	to look after
8	猫	māo	名	乙	cat, pussy
9	联系	liánxì	动	甲	to contact, to get in touch with

专名 Proper Noun

麦当劳　Màidāngláo　　McDonald's

课文一　Text One

（和网友见面）

苏　珊：喂，你在哪儿？
网　友：我就在商场门口。
苏　珊：我怎么看不见你？
网　友：我穿一件红色毛衣，抱着一个大纸盒子，看见了吗？
苏　珊：看见了，我马上过去。

……

苏　珊：你好。不好意思，路上堵车，来晚了。
网　友：没关系，好好照顾小猫就行了。
苏　珊：走，我请你吃麦当劳吧。
网　友：不用了。我还有别的事情，以后再一起吃饭吧。
苏　珊：那多不好意思啊。
网　友：没关系。给，小猫在盒子里。
苏　珊：嗯，我看看！
网　友：一定好好照顾它啊。
苏　珊：一定的。真漂亮！
网　友：好了，我得走了，有朋友在等我呢。
苏　珊：好吧，真是太谢谢你了！以后常联系吧。

(Hé wǎngyǒu jiànmiàn)

　Sūshān: Wèi, nǐ zài nǎr?
Wǎngyǒu: Wǒ jiù zài shāngchǎng ménkǒu.

8

我也想养只宠物

Sūshān: Wǒ zěnme kàn bu jiàn nǐ?

Wǎngyǒu: Wǒ chuān yí jiàn hóngsè máoyī, bàozhe yí ge dà zhǐ hézi, kànjiàn le ma?

Sūshān: Kànjiàn le, wǒ mǎshàng guòqu.

……

Sūshān: Nǐ hǎo. Bù hǎoyìsi, lùshang dǔchē, lái wǎn le.

Wǎngyǒu: Méi guānxi, hǎohāor zhàogù xiǎo māo jiù xíng le.

Sūshān: Zǒu, wǒ qǐng nǐ chī Màidāngláo ba.

Wǎngyǒu: Búyòng le. Wǒ hái yǒu bié de shìqing, yǐhòu zài yìqǐ chīfàn ba.

Sūshān: Nà duō bù hǎoyìsi a.

Wǎngyǒu: Méi guānxi. Gěi, xiǎo māo zài hézi li.

Sūshān: Ǹg, wǒ kànkan!

Wǎngyǒu: Yídìng hǎohāor zhàogù tā a.

Sūshān: Yídìng de. Zhēn piàoliang!

Wǎngyǒu: Hǎo le, wǒ děi zǒu le, yǒu péngyou zài děng wǒ ne.

Sūshān: Hǎo ba, zhēn shì tài xièxie nǐ le! Yǐhòu cháng liánxì ba.

生词二   New Words Two

1	养	yǎng	动	乙	to raise, to keep
2	只	zhī	量	甲	*a measure word for dogs, cats, etc.*
3	过来	guòlai	动	甲	to come over, to come up
4	可爱	kě'ài	形	乙	adorable, lovely
5	宠物	chǒngwù	名		pet
6	外行	wàiháng	形/名	丁	nonprofessional; layman

7	比如说	bǐrú shuō			for example, for instance
8	正常	zhèngcháng	形	乙	normal, usual
9	猫粮	māo liáng			cat food
10	猫砂	māo shā			kitty litter
11	够	gòu	副	甲	enough
12	耐心	nàixīn	形/名	乙	patient; patience
13	认真	rènzhēn	形	甲	serious, earnest
14	考虑	kǎolǜ	动	乙	to consider, to think over

专 名 Proper Noun

| 贝贝 | Bèibei | | | | name of a cat |

课文二 Text Two

(敲门)

王　红：苏珊，是我，王红。

苏　珊：来了，来了。

王　红：你什么时候养了只猫啊？

苏　珊：几个星期以前，一个网友送的。

王　红：过来让我看看……多可爱啊！它有名字吗？

苏　珊：有，叫贝贝。

王　红：不错。其实，我也想养只宠物。

苏　珊：你也想养？养宠物有时候挺麻烦的。

王　红：有什么麻烦的？

8 我也想养只宠物

苏　珊：这你就外行了。比如说它生病的时候，你得带它去宠物医院。

王　红：这很正常啊，人生病的时候不是也要去医院吗？

苏　珊：除了去医院，还要买猫粮、猫砂，给它洗澡，陪它玩儿……

王　红：看来是够麻烦的。

苏　珊：所以，如果没有耐心的话，最好不要养宠物。

王　红：让你这么一说，我得再认真考虑一下了。

(Qiāo mén)

Wáng Hóng: Sūshān, shì wǒ, Wáng Hóng.

Sūshān: Lái le, lái le.

Wáng Hóng: Nǐ shénme shíhou yǎngle zhī māo a?

Sūshān: Jǐ ge xīngqī yǐqián, yí ge wǎngyǒu sòng de.

Wáng Hóng: Guòlai ràng wǒ kànkan……Duō kě'ài a! Tā yǒu míngzi ma?

Sūshān: Yǒu, jiào Bèibei.

Wáng Hóng: Búcuò. Qíshí, wǒ yě xiǎng yǎng zhī chǒngwù.

Sūshān: Nǐ yě xiǎng yǎng? Yǎng chǒngwù yǒu shíhou tǐng máfan de.

Wáng Hóng: Yǒu shénme máfan de?

Sūshān: Zhè nǐ jiù wàiháng le. Bǐrú shuō tā shēngbìng de shíhou, nǐ děi dài tā qù chǒngwù yīyuàn.

Wáng Hóng: Zhè hěn zhèngcháng a, rén shēngbìng de shíhou bú shì yě yào qù yīyuàn ma?

Sūshān: Chúle qù yīyuàn, hái yào mǎi māo liáng, māo shā, gěi tā xǐzǎo, péi tā wánr……

Wáng Hóng: Kànlái shì gòu máfan de.

Sūshān: Suǒyǐ, rúguǒ méiyǒu nàixīn dehuà, zuìhǎo búyào yǎng chǒngwù.

Wáng Hóng: Ràng nǐ zhème yì shuō, wǒ děi zài rènzhēn kǎolǜ yíxià le.

生词三 New Words Three

1	退休	tuìxiū	动	丙	to retire
2	老人	lǎorén	名	乙	old people
3	散步	sànbù	动	甲	to take a walk, to go for a walk
4	狗	gǒu	名	乙	dog
5	寂寞	jìmò	形	丙	lonely, lonesome
6	闲	xián	形	乙	spare or free (time), leisurely

课文三 Text Three

（一位退休老人在散步）

老　人：(对他的狗说)，来来来，这边走！

保　拉：这小狗真可爱！

老　人：可爱是可爱，就是肥了点儿，是吧？

保　拉：不肥，挺好的。您在哪儿买的？

老　人：孩子给我买的，担心我退休后寂寞。

8 我也想养只宠物

保 拉：这主意不错。其实，我也很喜欢狗啊、猫啊什么的。
老 人：那就去买一只吧，有时候闲着也是闲着。
保 拉：我男朋友要给我买，可我觉得挺麻烦的。
老 人：不太麻烦，不过一定得有耐心。
保 拉：这倒不是问题。
老 人：那就赶快去买吧，到时候让我们的宠物交个朋友。
保 拉：好啊。

(Yí wèi tuìxiū lǎorén zài sànbù)

Lǎorén: (Duì tā de gǒu shuō) Lái lái lái, zhèbian zǒu!

Bǎolā: Zhè xiǎo gǒu zhēn kě'ài!

Lǎorén: Kě'ài shì kě'ài, jiùshì féile diǎnr, shì ba?

Bǎolā: Bù féi, tǐng hǎo de. Nín zài nǎr mǎi de?

Lǎorén: Háizi gěi wǒ mǎi de, dānxīn wǒ tuìxiū hòu jìmò.

Bǎolā: Zhè zhǔyi búcuò. Qíshí, wǒ yě hěn xǐhuan gǒu a, māo a shénme de.

Lǎorén: Nà jiù qù mǎi yì zhī ba, yǒu shíhou xiánzhe yě shì xiánzhe.

Bǎolā: Wǒ nánpéngyou yào gěi wǒ mǎi, kě wǒ juéde tǐng máfan de.

Lǎorén: Bú tài máfan, búguò yídìng děi yǒu nàixīn.

Bǎolā: Zhè dào bú shì wèntí.

Lǎorén: Nà jiù gǎnkuài qù mǎi ba, dào shíhou ràng wǒmen de chǒngwù jiāo ge péngyou.

Bǎolā: Hǎo a.

语言点注释　Notes on Grammar

1. **比如说它生病的时候，你得带它去宠物医院。** For example, if it is sick, you need to take it to the pet hospital.

   "比如说"，固定用语，表示举例。例如：
   "比如说" is a set phrase used to list examples. For example：

   北京有很多名胜古迹，比如说故宫、颐和园、天坛等。

   周末的时候我也很忙，比如说洗衣服、打扫房间、给妈妈打电话等。

   我的脾气有时候也不太好，比如说，有时会跟我的同屋生气。

2. **那就去买一只吧，有时候闲着也是闲着。** Then please buy one(dog). Sometimes you have to do something to kill time.

   "V着也是V着"，固定用语，表示某物暂时没有什么用途，或某人暂时没有别的事情做。上下文常有表示建议性的内容。可用的动词很有限，例如"闲""放""坐""空"等。例如：
   "V着也是V着" is a set phrase to describe a situation in which something is not in use or somebody has nothing to do. The pattern is often preceded or followed by a suggestion. The verbs can be "闲"，"放"，"坐"，"空" etc. For example:

   闲着也是闲着，我们去看电影吧。

   (这个杯子) 你拿去用吧，放着也是放着。

   坐着也是坐着，我们一起打球去吧。

   这房子空着也是空着，不如打扫一下做教室。

3. **这倒不是问题。** This is not a problem.

   "倒"，副词，表示转折。后面常常用表示积极意义的词语。例如：
   The adverb "倒" indicates a change of tone or a turn in the course of events. It is usually followed by a word or an expression which has an positive implication. For example：

8 我也想养只宠物

房间不大，不过倒挺干净。

真像你说的那样倒好了。

这件事倒不是他的错，所以你们不要再说他了。

口语 基本句　Basic Sentences

1. **Lùshang dǔchē, lái wǎn le.**
   路上堵车，来晚了。
   There was a traffic jam, so I arrived late.

2. **Nà duō bù hǎoyìsi a.**
   那多不好意思啊。
   I am so embarrassed.

3. **Wǒ děi zǒu le.**
   我得走了。
   I have to go.

4. **Zhēn shì tài xièxie nǐ le!**
   真是太谢谢你了！
   Thank you so much!

5. **Yǐhòu cháng liánxì ba.**
   以后常联系吧。
   Keep in touch.

6. **Zhè nǐ jiù wàiháng le.**
   这你就外行了。
   Sounds like you are not professional about that.

7. **Xiánzhe yě shì xiánzhe, ……**
   闲着也是闲着，……
   You have to do something to kill time.

口语格式 Oral Patterns

1. 有什么……的？

    养宠物　　有什么　麻烦　的？
    那些商店　　　　　好
    　　　　　　　　　可骄傲　　　　不就是拿了个奖吗。

2. 如果……的话，……

    如果　没有耐心　的话，最好不要养宠物。
    　　　没有经验　　　　你不可能组织好这次晚会。
    　　　有人指导　　　　可以少走很多弯路。

3. A 是 A，就是……

    　　　　可爱　　是　可爱，就是　肥了点儿。
    　　　　漂亮　　　　漂亮，　　　贵了点儿。
    这地方　干净　　　　干净，　　　离市中心太远了。

练习 Exercises

一、根据课文回答问题，然后连成一段话 Answer the following questions according to the texts, and then connect your answers into a paragraph

（一）1. 苏珊的网友什么样子？
　　　2. 苏珊为什么来晚了？
　　　3. 苏珊为什么要和网友见面？

（二）1. 王红想不想养宠物？
　　　2. 苏珊为什么说养宠物有时候比较麻烦？
　　　3. 王红决定养宠物了吗？

（三）1. 保拉跟老人在谈论什么？
　　　2. 老人的狗是从哪儿来的？
　　　3. 保拉觉得养宠物怎么样？
　　　4. 老人说养宠物一定要有什么？

二、根据课文内容填空　Fill in the blanks based on the texts

　　一天，苏珊去见（　　），因为路上（　　），苏珊去晚了。苏珊的网友（　　）着一件红色的毛衣，（　　）着一个大纸盒子。苏珊想请她吃饭，但她说她还有（　　）事情，一个朋友正在等她。最后，她们说以后（　　）联系。

　　上个星期王红来看苏珊，看到苏珊养了一只猫，王红觉得很奇怪，不过她说她也想（　　）一只宠物。苏珊告诉王红养宠物有时候（　　）麻烦的。（　　）如果宠物病了，得去宠物医院（　　）它看病。除了去医院，（　　）买猫粮和猫砂等。所以，如果没有耐心（　　），就不要养宠物了。

　　保拉散步的时候遇到一位老人，老人养了一（　　）宠物狗，老人觉得他的狗可爱是可爱，（　　）有点儿肥。他说他的孩子担心他（　　）后会寂寞，所以就（　　）他买了宠物狗。保拉的男朋友也要（　　）她买一只，可保拉担心会很（　　）。老人告诉她不是很麻烦，最重要的是要有（　　）。

三、按照要求完成下面的任务　Finish the following tasks as instructed

（一）选词填空　Choose the right word to fill in each blank

　　1. 你说你就在商场门口，我（　　）看不见你啊？　　（怎么　怎样）

127

2. 谢谢你。不过我还有别的事情，（　　）再一起吃饭吧。

（以后　后来）

3. 几个星期（　　），我的网友送给我一只宠物。　（以前　后来）

4. 我的邻居说养宠物不是很麻烦，（　　）一定要有耐心。

（所以　不过）

5. 我朋友的宠物好看是好看，（　　）肥了点儿。　（因为　就是）

（二）把下面的词语连成句子　Make sentences with the words given

1. 抱　穿　纸盒子　毛衣　我　着　着
2. 联系　开会　正在　一会儿　再　我　吧　我们
3. 养　如果　宠物　就　耐心　要　有
4. 是　就是　漂亮　贵　太　了　这个　漂亮　包

（三）根据上下文完成对话　Complete the dialogues based on the contexts

1. A：真不好意思，我来晚了。

　B：_____，我们还没开始呢。

2. A：对不起，今天我有事，不能和你见面了。

　B：_____。

3. A：养宠物很麻烦的。

　B：我知道。除了给它看病，_____。

4. A：如果没有经验的话，最好不要去那个地方。

　B：让你这么一说，_____。

5. A：你知道吗？我最近在王府井买了件漂亮的衣服。

　B：那儿的衣服漂亮是漂亮，_____。

6. A：其实，我也很喜欢去酒吧玩儿。

　B：那就一起去吧，_____。

我也想养只宠物 **8**

四、用本课的"口语基本句"完成对话　Complete the following dialogues with the Basic Sentences of this lesson

1. A：真不好意思，_____。
   B：没关系，我们刚刚开始。

2. A：你也和我们一起去酒吧吧，_____。
   B：不去了，我晚上还要去看电影。

3. A：你要的字典我帮你买到了。
   B：_____！

4. A：我看这些字并不怎么好看。
   B：_____。

5. A：你有急事，骑我的自行车吧，我走着去。
   B：_____。

6. A：有什么事就打电话。
   B：好的，_____。

7. A：时间不早了，_____。
   B：那好吧，路上小心。

五、用本课的"口语格式"完成对话　Complete the following dialogues with the Oral Patterns of this lesson

1. A：我不喜欢养宠物，太麻烦了。
   B：我倒不觉得_____。

2. A：我不太想去那里旅游了。
   B：那里有很多名胜古迹，_____。（有时间）

3. A：你感觉住在这个小区怎么样？
   B：_____。

129

六、角色练习　Role play

1. 如果你和你的网友是第一次见面,你怎么让网友认出你?
2. 你不喜欢养宠物,但你的同屋养了一只宠物。你想和他谈一谈。
3. 和你的朋友谈谈怎么养宠物。

七、请你说一说　Please talk about following topics

1. 你们国家养宠物的人多不多?人们喜欢养什么样的宠物?
2. 你觉得宠物会不会感到很幸福?
3. 你养过宠物吗?说说你和它的故事。
4. 如果让你选择,你会养猫还是养狗?为什么?

相关词语　Useful Words and Expressions

窝	wō	kennel
链子	liànzi	leash
铃铛	língdang	small bell
咬人	yǎo rén	to bite
狂犬病	kuángquǎnbìng	rabies
疫苗	yìmiáo	vaccine
宠物收容所	chǒngwù shōuróngsuǒ	pet shelter
兽医	shòuyī	veterinary

8 我也想养只宠物

乖巧	guāiqiǎo	nice and cute
蹲	dūn	to squat
卧	wò	to lie
看家	kānjiā	to mind the house
伴侣	bànlǚ	companion, partner
导盲犬	dǎomángquǎn	seeing eye dog
长毛狗	cháng máo gǒu	shaggy dog
短毛狗	duǎn máo gǒu	short-coated dog
注册	zhùcè	to register; registration
撒娇	sājiāo	to play the pampered child, to behave like a spoiled child
流浪	liúlàng	to roam about, to wander
领养	lǐngyǎng	to adopt
宠物市场	chǒngwù shìchǎng	pet market
陪伴	péibàn	to accompany
孤单	gūdān	lonely
遗弃	yíqì	to abandon
走失	zǒushī	to get lost
伤心	shāngxīn	heart-broken

| 痛苦 | tòngkǔ | pain; painful |
| 怀念 | huáiniàn | to miss, to cherish the memory of, to think of |

Nǐ Zài Nǎr Guò de Nián
你在哪儿过的年
Where did you celebrate the Spring Festival

9

Hái méizhǔnr ne.
1. 还没准儿呢。

Kě bú shì ma.
2. 可不是嘛。

Zhèyàng a.
3. 这样啊。

Tài wēixiǎn le!
4. 太危险了!

Zhè dào shì ge hǎo zhǔyi.
5. 这倒是个好主意。

Guò de zěnmeyàng?
6. 过得怎么样?

第九课 你在哪儿过的年
Nǐ Zǎi Nǎr Guò de Nián
Where did you celebrate the Spring Festival

生词一 New Words One

1	腊月	làyuè	名	丁	the 12th lunar month
2	没准儿	méizhǔnr	动		not sure
3	嘛	ma	助	甲	used to emphasize the reason is obvious
4	提前	tíqián	动	乙	to advance, to do sth. ahead of time
5	火车站	huǒchē zhàn			railway station
6	排队	páiduì	动	丁	to queue up, to line up
7	年货	niánhuò	名		special purchases for the Spring Festival
8	鸡	jī	名	甲	chicken
9	鱼	yú	名	甲	fish
10	缺	quē	动	乙	to be short of, to lack
11	过年	guònián	动	乙	to celebrate the Spring Festival
12	图	tú	动		to seek, to be after
13	盼	pàn	动	丙	to yearn for, to look forward to
14	压岁钱	yāsuìqián	名		money given to children as a lunar New Year gift

9 你在哪儿过的年

课文一　Text One

保　拉：你们学校什么时候放假？

王　红：大概腊月二十二三吧。

保　拉：这么晚呀，那你准备什么时候回家？

王　红：还没准儿呢，就看到时候能订上哪天的票了。

保　拉：那时候买票的人一定很多吧？

王　红：可不是嘛，所以要提前订。

保　拉：要是订不上怎么办？

王　红：订不上，到时候就要去火车站排队买票了。

保　拉：你买好带回家的年货了吗？

王　红：其实现在大家都不怎么买年货了。平时鸡呀、鱼呀都不缺，过年也就图个热闹。

保　拉：这样啊。听说你们小的时候，过年就盼着大人给买新衣服、给压岁钱，是吗？

王　红：是啊，但现在的孩子天天都在过年。

    Bǎolā: Nǐmen xuéxiào shénme shíhou fàngjià?

Wáng Hóng: Dàgài làyuè èrshí'èr sān ba.

    Bǎolā: Zhème wǎn ya, nà nǐ zhǔnbèi shénme shíhou huí jiā?

Wáng Hóng: Hái méizhǔnr ne, jiù kàn dào shíhou néng dìngshang nǎ tiān de piào le.

    Bǎolā: Nà shíhou mǎi piào de rén yídìng hěn duō ba?

Wáng Hóng: Kě bú shì ma, suǒyǐ yào tíqián dìng.

    Bǎolā: Yàoshi dìng bu shàng zěnme bàn?

Wáng Hóng: Dìng bu shàng, dào shíhou jiù yào qù huǒchēzhàn páiduì mǎi piào le.

Bǎolā: Nǐ mǎihǎo dài huí jiā de niánhuò le ma?

Wáng Hóng: Qíshí xiànzài dàjiā dōu bù zěnme mǎi niánhuò le. Píngshí jī ya, yú ya dōu bù quē, guònián yě jiù tú ge rènao.

Bǎolā: Zhèyàng a. Tīngshuō nǐmen xiǎo de shíhou, guònián jiù pàn-zhe dàren gěi mǎi xīn yīfu, gěi yāsuìqián, shì ma?

Wáng Hóng: Shì a, dàn xiànzài de háizi tiāntiān dōu zài guònián.

生词二 New Words Two

1	实话	shíhuà	名	丙	truth
2	亲朋好友	qīnpéng hǎoyǒu			relatives and friends
3	一块儿	yíkuàir	名/副	甲	together, in company with
4	免不了	miǎnbuliǎo	动		to be unavoidable
5	伤	shāng	动	乙	to impair
6	丢人	diūrén	动	丁	to lose face, to be disgraced
7	摔	shuāi	动	乙	to fall, to lose one's balance
8	危险	wēixiǎn	形	甲	dangerous
9	旅游	lǚyóu	动/名	丙	to travel; journey, trip
10	传统	chuántǒng	形/名	乙	traditional; tradition
11	方式	fāngshì	名	乙	way, method

9 你在哪儿过的年

专 名 Proper Noun

海南　　　Hǎinán　　　Hainan, a province in China

课文二 Text Two

张　林：说实话，我呀，有时候还真怕过年。
马　丁：怎么了？过年还不好吗？
张　林：一到过年，亲朋好友在一块儿，免不了吃呀、喝呀。
马　丁：没错，酒喝多了，很伤身体。
张　林：伤身体不说，还丢人呢。
马　丁：这么说，你是不是喝醉过？
张　林：别提了，去年我就喝醉了，差点儿从楼上摔下去。
马　丁：太危险了！以后少喝点儿吧。
张　林：所以我今年准备去海南旅游，不在家过年了。
马　丁：这倒是个好主意，现在越来越多的年轻人喜欢旅游过年。
张　林：是啊，传统的过年方式正在慢慢改变。

Zhāng Lín: Shuō shíhuà, wǒ ya, yǒu shíhou hái zhēn pà guònián.
　Mǎdīng: Zěnme le? Guònián hái bù hǎo ma?
Zhāng Lín: Yí dào guònián, qīnpéng hǎoyǒu zài yíkuàir, miǎnbuliǎo chī ya, hē ya.
　Mǎdīng: Méi cuò, jiǔ hē duō le, hěn shāng shēntǐ.
Zhāng Lín: Shāng shēntǐ bù shuō, hái diūrén ne.
　Mǎdīng: Zhème shuō, nǐ shì bu shì hēzuìguo?

Zhāng Lín: Biétí le, qùnián wǒ jiù hēzuì le, chàdiǎnr cóng lóu shang shuāi xiaqu.

Mǎdīng: Tài wēixiǎn le! Yǐhòu shǎo hē diǎnr ba.

Zhāng Lín: Suǒyǐ wǒ jīnnián zhǔnbèi qù Hǎinán lǚyóu, bú zài jiā guònián le.

Mǎdīng: Zhè dào shì ge hǎo zhǔyi, xiànzài yuè lái yuè duō de niánqīng rén xǐhuan lǚyóu guònián.

Zhāng Lín: Shì a, chuántǒng de guònián fāngshì zhèngzài mànmàn gǎibiàn.

生词三 New Words Three

1	家家户户	jiājiāhùhù	名		every household
2	贴	tiē	动	乙	to paste, to glue, to stick to
3	春联	chūnlián(r)	名		Spring Festival couplets
4	团圆	tuányuán	动	丁	to have a reunion
5	爆竹	bàozhú	名	丁	firecracker
6	除夕	chúxī	名	丁	the New Year's Eve
7	聊天儿	liáotiānr	动	乙	to chat
8	联欢	liánhuān	动	乙	(to have) a get-together
9	晚会	wǎnhuì	名	甲	evening party
10	钟声	zhōng shēng			ding, toll
11	初一	chūyī	名		the first day of the lunar year
12	拜年	bàinián	动	丁	to pay a New Year call, to wish sb. a happy New Year
13	碰	pèng	动	甲	to meet, to run into

14	熟人	shúrén	名	acquaintance, friend
15	恭喜发财	gōngxǐ fācái		May you be prosperous!
16	之类	zhī lèi	丙	and so on
17	通	tōng	名/动 甲	expert, specialist, authority; to know, to understand
18	万事如意	wànshì rúyì		Wish you all the best!
19	心想事成	xīn xiǎng shì chéng		May all your wishes come true!
20	阖家幸福	héjiā xìngfú		Wish you a happy family!

专 名 Proper Noun

春节	Chūn Jié		Spring Festival (Chinese New Year)

课文三 Text Three

王　红：这个春节你没回国，在哪儿过的年？

比　尔：去一个中国朋友家过的。

王　红：过得怎么样？

比　尔：别提多有意思了！家家户户都贴春联，吃团圆饭，放爆竹。

王　红：除夕晚上你们都干什么了？

比　尔：大家一起聊天儿，看春节联欢晚会，等着听新年的钟声。

王　红：初一呢？

比　尔：初一我起得很早，跟朋友们一起去拜年。

王　红：这么说，你学会拜年了？

比　尔：是啊，只要碰到熟人就说"新年好"、"恭喜发财"之类的话就行了。

王　红：你真快变成一个中国通了。

比　尔：谢谢。祝你新的一年里万事如意，心想事成！

王　红：也祝你身体健康，阖家幸福！

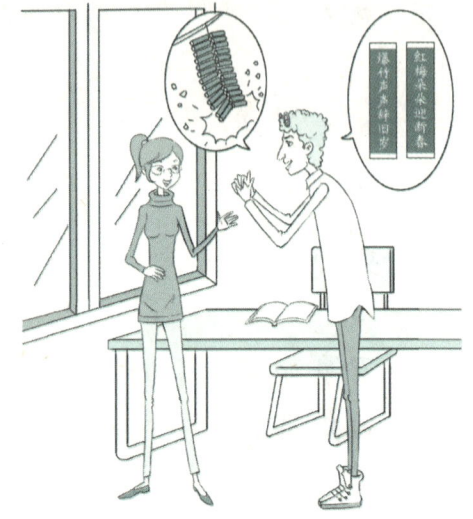

Wáng Hóng: Zhège Chūn Jié nǐ méi huí guó, zài nǎr guò de nián?

Bǐ'ěr: Qù yí ge Zhōngguó péngyou jiā guò de.

Wáng Hóng: Guò de zěnmeyàng?

Bǐ'ěr: Biétí duō yǒu yìsi le! Jiājiāhùhù dōu tiē chūnliánr, chī tuányuán fàn, fàng bàozhú.

Wáng Hóng: Chúxī wǎnshang nǐmen dōu gàn shénme le?

Bǐ'ěr: Dàjiā yìqǐ liáotiānr, kàn Chūn Jié liánhuān wǎnhuì, děngzhe tīng xīnnián de zhōng shēng.

Wáng Hóng: Chūyī ne?

Bǐ'ěr: Chūyī wǒ qǐ de hěn zǎo, gēn péngyoumen yìqǐ qù bàinián.

Wáng Hóng: Zhème shuō, nǐ xuéhuì bàinián le?

Bǐ'ěr: Shì a, zhǐyào pèng dào shúrén jiù shuō "xīnnián hǎo", "gōngxǐ fācái" zhī lèi de huà jiù xíng le.

Wáng Hóng: Nǐ zhēn kuài biànchéng yí ge Zhōngguó tōng le.

Bǐ'ěr: Xièxie. Zhù nǐ xīn de yì nián li wànshì rúyì, xīn xiǎng shì chéng!

Wáng Hóng: Yě zhù nǐ shēntǐ jiànkāng, héjiā xìngfú!

语言点注释 Notes on Grammar

1. **就看到时候能订上哪天的票了。/ 订不上怎么办？** It depends which day you book the ticket for. / What if you fail to book it?

   "V+上/不上"中的"上"做结果补语，意思有三种：
   In "V+上/不上", "上" is a complement of result and may indicate one of the following three meanings:

   (1) 通过一定的动作达到目的。例如：
   Achieving a certain goal through an action. For example:

   考上大学

   买上新房子

   开上车

   (2) 表示两个物体合在一起。例如：
   Two things are joined together. For example:

   关上门

   闭上眼

   爱上那个女孩子

   追上我

   (3) 表示通过一定的动作使某种东西存在于某处。例如：
   Moving something to somewhere. For example:

   戴上帽子

   穿上衣服

   挂上画

   粘上土

2. **现在的孩子天天都在过年。** Nowadays, children seem to be celebrating the Spring Festival every day.

   "天天"量词重叠，表示"每一天"的意思。例如：
   "天天" is a reduplicated measure word to mean "every day". For example:

他天天学习汉语，进步很快。
春节家家户户都贴春联。
人人都想有一个健康的身体。
这家商店的服装件件都很贵。

3. **亲朋好友在一块儿，免不了吃呀、喝呀。** When getting together, it is a common practice for relatives and friends to eat, drink and be merry.

"免不了"表示不能避免。例如：
"免不了" means "unavoidably". For example:

这种事免不了让人生气。
你迟到了，老师免不了要批评你几句。
你不给家里打电话，时间长了，妈妈免不了担心。
星期六早上免不了要多睡会儿。

口语 基本句 Basic Sentences

Hái méizhǔnr ne.
1. 还没准儿呢。   It's not sure yet.

Kě bú shì ma.
2. 可不是嘛。   You are so right.

Zhèyàng a.
3. 这样啊。   I see.

Tài wēixiǎn le!
4. 太危险了！   It's too dangerous!

Zhè dào shì ge hǎo zhǔyi.
5. 这倒是个好主意。   This is a good idea.

Guò de zěnmeyàng?
6. 过得怎么样？   How's everything going?

9 你在哪儿过的年

口语格式 Oral Patterns

1. 大概……吧。

   大概 腊月二十二三 **吧**。
   　　　 10 点
   　　　 没有
   　　　 下雨了

2. ……呀，……呀，……

   平时　　　　　　　　　鸡 **呀**、鱼 **呀** 都不缺。
   一过节免不了　　　　　吃 **呀** 喝 **呀**。
   他学汉语每天　　　　　听 **呀** 读 **呀**，学得非常努力。
   晚会上孩子们高兴得　　唱　　 跳　　　别提多热闹了。

3. 说实话……

   说实话，我有时候还真怕过年。
   　　　　我不愿意在这里住下去了。
   　　　　我已经喜欢上这里了。
   　　　　你的汉语比以前好多了。

4. ……不说，还……

   酒喝多了伤身体 **不说**，**还** 丢人呢。
   他不预习　　　　　　　　　经常迟到。
   这几天暖和　　　　　　　　没风。

5. 别提多……了！

那个电影	别提多	有意思	了！
他		高兴	
那儿		冷	
今天上课		困	

练习 Exercises

一、词语练习 Exercises in words and expressions

（一）用"免不了"改写句子 Rewrite the following sentences with "免不了"

1. 学外语刚开始一定会出错。
2. 刚来中国，会遇到很多困难。
3. 人在生病的时候，心情一般不好。
4. 好朋友也会有矛盾。
5. 他遇到不合理的事，总要说两句。

（二）用量词重叠形式改写句子 Rewrite the following sentences with reduplicated measure words

1. 他病了，我们班每个同学都去看他。
2. 结婚以前，他每年都回家。
3. 一放假，他就每天在宿舍里看DVD。
4. 一到圣诞节，所有的商店都打折。
5. 这些铅笔每支都是新的。

你在哪儿过的年 **9**

二、根据课文回答问题，然后连成一段话　Answer the following questions according to the texts, and then connect your answers into a paragraph

（一）1. 王红什么时候放假？

2. 王红什么时候回家？

3. 王红为什么不准备买年货？

（二）1. 张林为什么怕过年？

2. 张林过年喝醉过没有？发生了什么事？

3. 现在的过年方式有什么改变？

（三）1. 除夕人们一般做什么？

2. 初一人们一般做什么？

3. 拜年时人们一般说什么？

三、给下面的句子填上动词和结果补语　Fill in verbs and complements of result in the following sentences

1. 老　师：请把门_____。

   学生1：老师，锁坏了，_____。

   学生2：谁说的？没坏，_____。

2. A：听说昨天你的自行车不见了，现在_____吗？

   B：_____，可能被小偷偷走了。

3. A：你学习这么差，北京大学肯定_____。

   B：谁说的？你比我还差，都_____，我为什么_____？

4. A：去上海的车票_____吗？

   B：现在又不是过年，肯定_____。

5. A：昨天晚上我10点上床，12点才_____，今天上课一点儿精神也没有。

   B：_____真痛苦。

145

四、用本课的"口语基本句"完成对话　Complete the following dialogues with the Basic Sentences of this lesson

1. A：昨天差一点儿出交通事故。
   B：_____！

2. A：我们别总是去逛商店了，周末一起去爬山吧？
   B：_____。

3. A：你什么时候回国？
   B：_____。

4. A：睡觉太晚对身体不好。
   B：_____。

5. A：假期_____？
   B：别提了，我假期生病了，哪儿也没去。
   A：_____。

五、用本课的"口语格式"完成对话　Complete the following dialogues with the Oral Patterns of this lesson

1. A：你什么时候开始学汉语的？
   B：_____。

2. A：你喜欢看什么书？
   B：_____。

3. A：那个商场怎么样？
   B：_____。（人多，东西贵）

4. A：你喜欢爬山吗？
   B：_____。（太累了）

5. A：去上海的票好买不好买？
   B：_____！（难）

9 你在哪儿过的年

六、角色练习　Role Play

A、B是老朋友，两人大年初一在街上相遇，表演一下当时的情景。

七、请你说一说　Please talk about the following topic

谈一谈你们国家过节时的情况。

相关词语　Useful Words and Expressions

黄金周	huángjīnzhōu	golden week
清明节	Qīngmíng Jié	the Tomb-sweeping Day
元宵节	Yuánxiāo Jié	the Lantern Festival
中秋节	Zhōngqiū Jié	the Mid-Autumn Festival
国庆节	Guóqìng Jié	the National Day
元旦	Yuándàn	the New Year's Day
阴历	yīnlì	the lunar calendar
阳历	yánglì	the solar calendar
情人节	Qíngrén Jié	Valentine's Day
圣诞节	Shèngdàn Jié	Christmas
复活节	Fùhuó Jié	Easter
万圣节	Wànshèng Jié	Halloween
假期	jiàqī	vacation
火鸡	huǒjī	turkey

圣诞树	shèngdànshù	Christmas tree
巧克力	qiǎokèlì	chocolate
玫瑰	méigui	rose
百合花	bǎihéhuā	lily
菊花	júhuā	chrysanthemum
牡丹花	mǔdānhuā	peony
郁金香	yùjīnxiāng	tulip
化妆舞会	huàzhuāng wǔhuì	costume ball
狂欢	kuánghuān	revel
游行	yóuxíng	parade
表演	biǎoyǎn	show, performance
恶作剧	èzuòjù	practical joke
晚会	wǎnhuì	party
演出	yǎnchū	to perform; performance

Hūnlǐ Zhēn Rènao Ya
婚礼真热闹呀
How bustling the wedding is

Zhè shì wǒmen de yìdiǎnr xīnyì.
1. 这是我们的一点儿心意。

Zhù nǐmen báitóu xié lǎo!
2. 祝你们白头偕老!

Yǒu qíng rén zhōng chéng juànshǔ.
3. 有情人终成眷属。

Qǐng suíyì.
4. 请随意。

Shīpéi le.
5. 失陪了。

Zhēn rènao ya!
6. 真热闹呀!

Zài kǎolǜ kǎolǜ ba.
7. 再考虑考虑吧。

第十课 婚礼 真 热闹 呀
Hūnlǐ Zhēn Rènao Ya
How bustling the wedding is

生词一 New Words One

1	新郎	xīnláng	名	丁	bridegroom
2	婚礼	hūnlǐ	名		wedding ceremony
3	新娘	xīnniáng	名	丁	bride
4	心意	xīnyì	名	丙	kindly feelings
5	白头偕老	báitóu xié lǎo			to grow old together
6	恋爱	liàn'ài	动/名	乙	to be in love; love
7	零	líng	数	甲	used in expressions of time, age, weight etc. between two different denominations
8	有情人终成眷属	yǒu qíng rén zhōng chéng juànshǔ			Lovers will eventually get married
9	郎才女貌	láng cái nǚ mào			(a perfect match between) a talented man and a beautiful woman
10	随意	suíyì	形	丁	at will
11	客人	kèren	名	乙	visitor, guest
12	失陪	shīpéi	动		Excuse me, I have to leave.

10 婚礼真热闹呀

课文一　Text One

新　郎：欢迎，欢迎！欢迎你们来参加我们的婚礼！
苏　珊：你今天真精神呀！新娘也很漂亮！
比　尔：（送上礼物）这是我们的一点儿心意，祝你们白头偕老！
新　娘：谢谢！
苏　珊：你们谈恋爱谈了三年多吧？
新　郎：三年五个月零十六天。
苏　珊：真是有情人终成眷属啊。
比　尔：是啊，你们还是郎才女貌。
新　郎：你们刚到吧？这儿有酒，那边有饮料，请随意啊。
苏珊、比尔：好，谢谢。
新　郎：那边又来客人了。你们先坐一会儿，我失陪了。
苏珊、比尔：好的，一会儿见。

Xīnláng: Huānyíng, huānyíng! Huānyíng nǐmen lái cānjiā wǒmen de hūnlǐ!
Sūshān: Nǐ jīntiān zhēn jīngshen ya! Xīnniáng yě hěn piàoliang!
Bǐ'ěr: （Sòngshang lǐwù）Zhè shì wǒmen de yìdiǎnr xīnyì, zhù nǐmen báitóu xié lǎo!
Xīnniáng: Xièxie!
Sūshān: Nǐmen tán liàn'ài tánle sān nián duō ba?
Xīnláng: Sān nián wǔ ge yuè líng shíliù tiān.

Sūshān: Zhēn shì yǒu qíng rén zhōng chéng juànshǔ a.

Bǐ'ěr: Shì a, nǐmen hái shì láng cái nǚ mào.

Xīnláng: Nǐmen gāng dào ba? Zhèr yǒu jiǔ, nàbian yǒu yǐnliào, qǐng suíyì a.

Sūshān, Bǐ'ěr: Hǎo, xièxie.

Xīnláng: Nàbian yòu lái kèren le. Nǐmen xiān zuò yíhuìr, wǒ shīpéi le.

Sūshān, Bǐ'ěr: Hǎo de, yíhuìr jiàn.

生词二　　New Words Two

1	玫瑰	méigui	名	丁	rose
2	朵	duǒ	量	乙	a measure word used for flowers, cloud, etc.
3	闻	wén	动	乙	to smell
4	香槟酒	xiāngbīnjiǔ	名		champagne
5	味道	wèidao	名	乙	taste, flavor
6	桌子	zhuōzi	名	甲	table, desk
7	蛋糕	dàngāo	名	乙	cake
8	切	qiē	动	乙	to cut, to slice, to chop
9	付	fù	动	乙	to pay
10	随礼	suí lǐ			to give presents (normally cash)
11	大多数	dàduōshù	名	乙	great majority
12	亲戚	qīnqi	名	乙	relative
13	人情	rénqíng	名	丁	human feelings
14	面子	miànzi	名	丁	reputation, prestige, face

10 婚礼真热闹呀

课文二　Text Two

苏　珊：来了这么多人，真热闹呀！
比　尔：这么多玫瑰花，有好几百朵吧。
苏　珊：现在的婚礼99朵玫瑰都不算多，999朵玫瑰才好呢。
比　尔：啊，我闻到香槟酒的味道了。
苏　珊：你呀，就知道喝酒。
比　尔：哎，你看，那张桌子上还有一个大蛋糕。
苏　珊：一会儿，新郎新娘要切这个蛋糕。
比　尔：那边在干什么？怎么还有人付钱？
苏　珊：他们那是在随礼，大多数新郎、新娘的亲戚朋友都要随礼。
比　尔：要随多少礼呢？
苏　珊：每个人都不一样，多的随几千元，少的随几百元。
比　尔：这大概就是中国人说的"人情""面子"吧。

Sūshān: Láile zhème duō rén, zhēn rènao ya!
　Bǐ'ěr: Zhème duō méigui huā, yǒu hǎojǐ bǎi duǒ ba.
Sūshān: Xiànzài de hūnlǐ jiǔshíjiǔ duǒ méigui dōu bú suàn duō, jiǔbǎi jiǔshíjiǔ duǒ méigui cái hǎo ne.
　Bǐ'ěr: Ā, wǒ wéndào xiāngbīnjiǔ de wèidao le.
Sūshān: Nǐ ya, jiù zhīdao hē jiǔ.
　Bǐ'ěr: Āi, nǐ kàn, nà zhāng zhuōzi shang hái yǒu yí ge dà dàngāo.
Sūshān: Yíhuìr, xīnláng xīnniáng yào qiē zhège dàngāo.
　Bǐ'ěr: Nàbian zài gàn shénme? Zěnme hái yǒu rén fù qián?

Sūshān: Tāmen nà shì zài suílǐ, dàduōshù xīnláng, xīnniáng de qīnqi péngyou dōu yào suílǐ.

Bǐ'ěr: Yào suí duōshao lǐ ne?

Sūshān: Měi ge rén dōu bù yíyàng, duō de suí jǐqiān yuán, shǎo de suí jǐbǎi yuán.

Bǐ'ěr: Zhè dàgài jiù shì Zhōngguórén shuō de "rénqíng" "miànzi" ba.

生词三 New Words Three

1	万	wàn	数	甲	ten thousand
2	存款	cúnkuǎn	名	丁	savings
3	股票	gǔpiào	名		share, stock
4	估计	gūjì	动	乙	to estimate, to reckon
5	结婚	jiéhūn	动	乙	to get married
6	装修	zhuāngxiū	动		to fit up (a house, etc.)
7	家具	jiājù	名		furniture
8	电器	diànqì	名	丙	electrical appliance
9	婚纱照	hūnshā zhào			wedding photo
10	红包	hóngbāo	名		red envelope containing money as a gift
11	酒席	jiǔxí	名		banquet, feast
12	干脆	gāncuì	副/形	乙	simply, just

婚礼真热闹呀 10

课文三　Text Three

张　林：买房子的事我跟爸爸妈妈说了，他们同意给我们20万块钱。

王　红：再加上你的存款，还有我的股票，估计差不了多少了。

张　林：是啊，我们赶快结婚吧。

王　红：不过光有房子也不行啊！又要装修，又要买家具、电器，还得照婚纱照。这些也都得花钱呀。

张　林：亲戚朋友还会给我们一些红包，我想就够了吧。

王　红：还要办酒席请客，要花钱的地方还多着呢！

张　林：要不我们干脆旅行结婚吧。

王　红：旅行结婚？

张　林：对啊，一来不用办酒席那么累，二来可以出去好好儿玩儿玩儿。

王　红：我们再考虑考虑吧。

Zhāng Lín: Mǎi fángzi de shì wǒ gēn bàba māma shuō le, tāmen tóngyì gěi wǒmen èrshíwàn kuài qián.

Wáng Hóng: Zài jiā shang nǐ de cúnkuǎn, hái yǒu wǒ de gǔpiào, gūjì chà bu liǎo duōshao le.

Zhāng Lín: Shì a, wǒmen gǎnkuài jiéhūn ba.

Wáng Hóng: Búguò guāng yǒu fángzi yě bù xíng a! Yòu yào zhuāngxiū, yòu yào mǎi jiājù, diànqì, hái děi zhào hūnshā zhào. Zhèxiē yě dōu děi huāqián ya.

Zhāng Lín: Qīnqi péngyou hái huì gěi wǒmen yìxiē hóngbāo, wǒ xiǎng jiù gòule ba.

Wáng Hóng: Hái yào bàn jiǔxí qǐngkè, yào huā qián de dìfang hái duō zhene!

Zhāng Lín: Yàobù wǒmen gāncuì lǚxíng jiéhūn ba.

Wáng Hóng: Lǚxíng jiéhūn?

Zhāng Lín: Duì a, yī lái búyòng bàn jiǔxí nàme lèi, èrlái kěyǐ chūqu hǎohāor wánrwánr.

Wáng Hóng: Wǒmen zài kǎolǜ kǎolǜ ba.

语言点注释　Notes on Grammar

1. **要随多少礼呢？** How much money shall I give them as the gift?

    "随礼"是离合词。汉语里有一些词可以分开来用，中间插入一些其他成分。例如：

    "随礼" is a separable word. Some Chinese words can be used seperatedly with other element inserted in between. For example:

    我睡了一会儿觉。

    他鞠了好几个躬。

    他离了两次婚。

    他没说什么话。

2. **要花钱的地方还多着呢！** There are still many things in which you need to spend money.

    "……着呢"用在形容词或类似形容词的短语后，表示肯定某种性质或状态，略有夸张意味。多用于口语。例如：

    "……着呢" is an oral expression. "……着呢" is preceded by an adjective or a descriptive phrase to stress or to overstate a particular nature or state. For example:

10 婚礼真热闹呀

长安街宽着呢!
小伙子结实着呢!
北京烤鸭有名着呢!
这条路难走着呢!
他女朋友漂亮着呢!

3. **一来不用办酒席那么累,二来可以出去好好儿玩儿玩儿。** On one hand, you don't have to wear yourself out to hold the feast; on the other hand, you can go out to have a good time.

"一来……,二来……"用来列举原因,相当于"一方面……,另一方面……"。例如:

"一来……,二来……" is used to list reasons. It is equivalent to "一方面……,另一方面……" For example:

我来中国学习汉语,一来我喜欢中国,二来我想多认识一些朋友。
他打工一来为了挣学费,二来为了增加工作经验。
我买这所房子一来是地点好,二来是价格合适。

口语 基本句 Basic Sentences

Zhè shì wǒmen de yìdiǎnr xīnyì.
1. 这是我们的一点儿心意。 This is just a token of our regards.

Zhù nǐmen báitóu xié lǎo!
2. 祝你们白头偕老! Wish you a long and happy marriage!

Yǒu qíng rén zhōng chéng juànshǔ.
3. 有情人终成眷属。 Lovers will eventually get married./
True love will bring people together.

汉语口语基本句(准中级)·下册

       Qǐng suíyì.
4. 请随意。　　　　　　　Please help yourself at home. /

                            It's up to you.

       Shīpéi le.
5. 失陪了。　　　　　　　Excuse me, I have to leave.

       Zhēn rènao ya!
6. 真热闹呀!　　　　　　It's so lively.

       Zài kǎolǜ kǎolǜ ba.
7. 再考虑考虑吧。　　　　Please think it over.

口语格式　Oral Patterns

1. 真……呀!

    真　热闹　呀!
    　　好
    　　热
    　　快
    　　漂亮

2. 又……，又……，还……

	又			还	
	又要装修，	又要买家具、电器，	还得照婚纱照。		
这苹果	大	红		挺便宜。	
这家具	好	时髦		挺结实。	
他	饿	渴		很累。	

婚礼真热闹呀 10

3. 干脆……吧。

要不我们	干脆 旅行结婚	吧。
今天太累了，不想做饭，我们	出去吃	
那些旧家具闲着也是闲着，	卖了	

练习 Exercises

一、词语练习 Exercises in words and expressions

（一）用"刚"改写句子 Rewrite the following sentences with "刚"

1. 他才到这儿一会儿。
2. 你才学了几句话，怎么就没信心了？
3. 他才走了没有多长时间。

（二）用"干脆"改写句子 Rewrite the following sentences with "干脆"

1. 简单一点儿说吧，你到底同意不同意？
2. 你明天就别过来了，简单一点儿，在家里等我的电话吧。
3. A：咱们明天骑车去，还是坐车去？
   B：简单一点儿，走着去吧。

二、根据课文回答问题，然后连成一段话 Answer the following questions according to the texts, and then connect your answers into a paragraph

（一）1. 苏珊和比尔参加了一个婚礼，在婚礼上他们首先祝新郎、新娘什么？

2. 新郎、新娘谈恋爱谈了多长时间？

3. 苏珊和比尔分别对新郎、新娘说了一句话，是什么？

（二）1. 按照课文，中国人的婚礼上一般有什么东西？

2. 中国人结婚时新郎、新娘的亲戚朋友要做什么？一般是多少钱？

（三）1. 张林觉得结婚需要什么？

2. 王红觉得结婚还需要什么？

3. 张林认为旅行结婚有什么好处？

三、按照要求完成下面的任务 Finish the following tasks as instructed

（一）在下面的横线上填上适当的词语 Fill in the blanks with proper words

1. 一朵_____   一朵_____   一朵_____

2. 切_____   切_____   切_____

   切_____

3. 一_____蛋糕   一_____香槟酒   一_____存款

   一_____家具

（二）选词填空 Choose the right word to fill in each blank

    酒席　考虑　亲戚　精神　心意　赶快

1. 最近，我家_____的一个孩子考上了名牌大学。

2. 天越来越黑了，我们_____出发吧。

3. 是不是要参加这次会议，我得_____一下。

4. 这家餐馆在这一带已经很有名气了，附近的很多人都到这里来预订_____。

5. 虽然昨天晚上没睡觉，但今天他还是显得很_____。

6. 这是我们的一片_____，请你收下吧。

（三）把下面的词语连成句子 Make sentences with the words given

1. 睡……觉 半天 他 起来 了 才
2. 干脆 了 去 别 你
3. 着呢 地方 那个 远
4. 的 着呢 热 夏天 北京

四、用本课的"口语基本句"完成对话 Complete the following dialogues with the Basic Sentences of this lesson

1. A：今天来了这么多人，_____！
   B：是啊，您需要点儿什么？我帮您拿。

2. A：这是我送给你们的结婚礼物，_____！
   B：谢谢！

3. A：我们是谈了五年恋爱才结婚的。
   B：这真是_____。

4. A：我们什么时候去旅行啊？
   B：_____，最近我有点儿忙。

5. A：这儿有烟、有酒，_____。
   B：谢谢！

6. A：我还有事，_____。
   B：不必客气，你忙你的吧。

五、用本课的"口语格式"完成对话 Complete the following dialogues with the Oral Patterns of this lesson

1. A：你看，这里有湖、有塔，还有一片草地，……
   B：_____！

2. A：在昨天的晚会上，你们都干什么了？
   B：_____。

3. A：在外面找旅馆住又贵又不方便，_____。
   B：真是太谢谢你了！

六、角色练习　Role play

A 是一个外国留学生，有一次他参加一个中国人的婚礼，新郎、新娘都是 A 的朋友。三个同学一组，进行表演。

七、请你说一说　Please talk about the following topics

1. 在你们国家，年轻人结婚都需要做什么准备？
2. 在你们国家，婚礼上一般有什么？什么人必须参加？
3. 你想要什么样的婚礼？/你的婚礼是什么样的？
4. 你参加过别人的婚礼吗？参加别人的婚礼一般要送什么礼物？

相关词语　Useful Words and Expressions

伴郎	bànláng	groomsman
伴娘	bànniáng	bridesmaid
仪式	yíshì	ceremony
证婚人	zhènghūn rén	chief witness at a wedding ceremony
主婚人	zhǔhūn rén	presider of a wedding ceremony

10 婚礼真热闹呀

司仪	sīyí	emcee
西服	xīfú	Western-style suit
礼服	lǐfú	formal dress
领结	lǐngjié	tie
燕尾服	yànwěi fú	swallow-tailed coat
结婚照	jiéhūn zhào	wedding photo
录像	lùxiàng	video
主持	zhǔchí	emcee
岳父	yuèfù	father-in-law (on the wife's side)
岳母	yuèmǔ	mother-in-law (on the wife's side)
牧师	mùshī	priest, churchman
教堂	jiàotáng	church
轿子	jiàozi	sedan
新婚	xīnhūn	newly-married
洞房	dòngfáng	bridal chamber
婚庆公司	hūnqìng gōngsī	wedding company
彩礼	cǎilǐ	betrothal gifts (from the bridegroom to the bride's family)
婚车	hūn chē	wedding car

喜庆	xǐqìng	happy, joyous, jubilant
气氛	qìfēn	atmosphere
拜堂	bàitáng	(of bride and bridegroom) to pay ceremonial obeisances as part of the traditional Chinese wedding ceremony
夫妻对拜	fūqī duì bài	husband and wife bow to each other
拜天地	bài tiāndì	to worship heaven and earth
成双成对	chéng shuāng chéng duì	in pairs
戒指	jièzhi	ring
鲜花	xiānhuā	flower
结婚纪念日	jiéhūn jìniànrì	(wedding) anniversary

Chuān Xīfú, Jì Lǐngdài
穿 西服，系领带
Wearing suits and ties

Wǒ juéde hěn yǒu gèxìng ma.
1. 我觉得很有个性嘛。

Zhè jiù búyòng nǐ cāoxīn le.
2. 这就不用你操心了。

Zhēn ná nǐ méi bànfǎ.
3. 真拿你没办法。

Nǐ kàn nǐ.
4. 你看你。

Hǎo ba, tīng nǐ de.
5. 好吧，听你的。

Kěyǐ zhème shuō.
6. 可以这么说。

Yuánlái shì zhèyàng.
7. 原来是这样。

第十一课 穿西服，系领带
Chuān Xīfú, Jì Lǐngdài
Wearing suits and ties

生词一 New Words One

1	打扮	dǎban	动/名	乙	to dress up, to make up; dress, attire
2	绿	lǜ	形	甲	green
3	衬衫	chènshān	名	乙	shirt
4	配	pèi	动	丙	to match
5	紫	zǐ	形	乙	purple
6	裙子	qúnzi	名	乙	skirt
7	个性	gèxìng	名	丙	personality, individuality
8	操心	cāoxīn	动	丙	to worry about
9	戴	dài	动	甲	to put on, to wear
10	黄	huáng	形	甲	yellow
11	眼镜	yǎnjìng	名	乙	spectacles, eyeglasses
12	流行	liúxíng	动	丙	popular, fashionable
13	款式	kuǎnshì	名		model, style, design
14	不但……而且……	búdàn……érqiě……	连	甲	not only... but also...
15	魅力	mèilì	名		charm
16	就算	jiùsuàn	连	丁	even if
17	在乎	zàihu	动	丁	to care about, to mind

11 穿西服,系领带

课文一 Text One

苏　珊：保拉，喜欢我这身打扮吗？
保　拉：绿衬衫配紫裙子，有点儿受不了。
苏　珊：我觉得很有个性嘛。
保　拉：裙子那么紧，还能走路啊？
苏　珊：这就不用你操心了。
保　拉：你还要戴这副黄眼镜？
苏　珊：这可是今年最流行的款式呀。
保　拉：你觉得自己很美，是吗？
苏　珊：我不但觉得自己很美，而且很有魅力。
保　拉：真拿你没办法。
苏　珊：就算你们都认为难看，我也不在乎。
保　拉：这就是苏珊！

Sūshān: Bǎolā, xǐhuan wǒ zhè shēn dǎban ma?
Bǎolā: Lǜ chènshān pèi zǐ qúnzi, yǒudiǎnr shòu bu liǎo.
Sūshān: Wǒ juéde hěn yǒu gèxìng ma.
Bǎolā: Qúnzi nàme jǐn, hái néng zǒulù a?
Sūshān: Zhè jiù búyòng nǐ cāoxīn le.
Bǎolā: Nǐ hái yào dài zhè fù huáng yǎnjìng?

Sūshān: Zhè kěshì jīnnián zuì liúxíng de kuǎnshì ya.

Bǎolā: Nǐ juéde zìjǐ hěn měi, shì ma?

Sūshān: Wǒ búdàn juéde zìjǐ hěn měi, érqiě hěn yǒu mèilì.

Bǎolā: Zhēn ná nǐ méi bànfǎ.

Sūshān: Jiùsuàn nǐmen dōu rènwéi nánkàn, wǒ yě bú zàihu.

Bǎolā: Zhè jiù shì Sūshān!

生词二 New Words Two

1	丈夫	zhàngfu	名	乙	husband
2	妻子	qīzi	名	乙	wife
3	领带	lǐngdài	名		tie
4	系	jì	动	甲	to tie, to fasten
5	画展	huàzhǎn	名		art exhibition, exhibition of paintings
6	开幕式	kāimùshì	名		opening ceremony
7	在意	zàiyì	动	丁	to mind (often used in the negative)
8	穿着	chuānzhuó	名		dress, apparel
9	照样	zhàoyàng	副	丙	as before, as usual
10	裤子	kùzi	名	乙	trousers, pants
11	脏	zāng	形	甲	dirty
12	领子	lǐngzi	名	丁	collar
13	翘	qiào	动	丙	to turn upwards
14	乱	luàn	形	甲	in disorder, in a mess

15	精益求精	jīng yì qiú jīng		丁	to keep improving, to constantly improve
16	笑话	xiàohua	动/名	乙	to laugh at; joke
17	梳	shū	动	丙	to comb

课文二 Text Two

丈　夫：时间不早了，咱们快走吧。

妻　子：等等，你看你，领带都忘了系了。

丈　夫：参加画展开幕式，系什么领带呀？

妻　子：你一直都这么不在意穿着。

丈　夫：那有什么呀？你不是照样爱我？

妻　子：你这条裤子都穿好几天了，有点儿脏了。

丈　夫：谁会注意我的裤子呢？

妻　子：衣服领子还老翘着，像什么样子？

丈　夫：像丈夫的样子啊。快走吧。

妻　子：再等等，头发还有点儿乱呢。

丈　夫：你真是精益求精。我不怕人笑话。

妻　子：你不怕我怕。

丈　夫：没时间了，梳几下就行了。

妻　子：不行不行，要这样的话我不跟你一起去了。

丈　夫：好吧，听你的，我换条裤子，系上领带，行了吧？

Zhàngfu: Shíjiān bù zǎo le, zánmen kuài zǒu ba.

Qīzi: Děngdeng, nǐ kàn nǐ, lǐngdài dōu wàngle jì le.

Zhàngfu: Cānjiā huàzhǎn kāimùshì, jì shénme lǐngdài ya?

Qīzi: Nǐ yìzhí dōu zhème bú zàiyì chuānzhuó.

Zhàngfu: Nà yǒu shénme ya? Nǐ bú shì zhàoyàng ài wǒ?

Qīzi: Nǐ zhè tiáo kùzi dōu chuān hǎojǐ tiān le, yǒudiǎnr zāng le.

Zhàngfu: Shéi huì zhùyì wǒ de kùzi ne?

Qīzi: Yīfu lǐngzi hái lǎo qiàozhe, xiàng shénme yàngzi?

Zhàngfu: Xiàng zhàngfu de yàngzi a. Kuài zǒu ba.

Qīzi: Zài děngdeng, tóufa hái yǒudiǎnr luàn ne.

Zhàngfu: Nǐ zhēn shì jīng yì qiú jīng. Wǒ bú pà rén xiàohua.

Qīzi: Nǐ bú pà wǒ pà.

Zhàngfu: Méi shíjiān le, shū jǐ xià jiù xíng le.

Qīzi: Bùxíng bùxíng, yào zhèyàng dehuà, wǒ bù gēn nǐ yìqǐ qù le.

Zhàngfu: Hǎo ba, tīng nǐ de, wǒ huàn tiáo kùzi, jìshang lǐngdài, xíngle ba?

生词三 New Words Three

1	关键	guānjiàn	名/形	乙	key, crux; essential
2	搭配	dāpèi	动	丁	to match
3	旧	jiù	形	甲	old
4	过时	guòshí	形		outdated, out of fashion
5	黑	hēi	形	甲	black
6	冤枉钱	yuānwangqián	名		money spent in vain, money wasted

11 穿西服，系领带

课文三　Text Three

保　拉：我总觉得没有合适的衣服。

王　红：其实衣服不需要太多，关键是搭配。

保　拉：我看你总是穿得那么漂亮，你的衣服都是新的吗？

王　红：不是，很多都是旧的。有些衣服已经穿了十来年了。

保　拉：这么长时间？不过时吗？

王　红：我的衣服很多是黑色的，没什么过时不过时的。

保　拉：你喜欢黑色，是吗？

王　红：可以这么说，另外我觉得黑色容易和别的颜色搭配。

保　拉：怪不得你穿衣服总是那么好看。

王　红：颜色很重要，如果一件衣服颜色不对的话，就算它很便宜，也不要买。

保　拉：原来是这样，我说我怎么总是花冤枉钱呢。

Bǎolā: Wǒ zǒng juéde méiyǒu héshì de yīfu.

Wáng Hóng: Qíshí yīfu bù xūyào tài duō, guānjiàn shì dāpèi.

Bǎolā: Wǒ kàn nǐ zǒng shì chuān de nàme piàoliang, nǐ de yīfu dōu shì xīn de ma?

Wáng Hóng: Bú shì, hěn duō dōu shì jiù de. Yǒuxiē yīfu yǐjīng chuānle shí lái nián le.

Bǎolā: Zhème cháng shíjiān? Bú guòshí ma?

Wáng Hóng: Wǒ de yīfu hěn duō shì hēi sè de, méi shénme guòshí bú guòshí de.

Bǎolā: Nǐ xǐhuan hēi sè, shì ma?

Wáng Hóng: Kěyǐ zhème shuō, lìngwài wǒ juéde hēi sè róngyì hé bié de yánsè dāpèi.

Bǎolā: Guàibude nǐ chuān yīfu zǒng shì nàme hǎokàn.

Wáng Hóng: Yánsè hěn zhòngyào, rúguǒ yí jiàn yīfu yánsè bú duì dehuà, jiùsuàn tā hěn piányi, yě bú yào mǎi.

Bǎolā: Yuánlái shì zhèyàng, wǒ shuō wǒ zěnme zǒng shì huā yuānwangqián ne.

语言点注释　Notes on Grammar

1. **有点儿受不了。** I cannot stand it.

   "V+不了"表示"不能V"。"受不了"意思是不能忍受。例如：

   "V+不了" means "cannot do something". "受不了" means "cannot stand something". For example:

   这么大的烟味儿，我实在受不了。

   这么贵的东西，我可买不了。

   这么多工作，两天肯定完成不了。

2. **系什么领带呀？/ 没什么过时不过时的。** Why do I need to wear a tie? / It's never out of date.

   引述别人的话，加"什么"表示不同意。例如：

   "什么" is used before the quotation of others to indicate one's disagreement or disapproval. For example:

   还睡什么觉呀？都几点了？

   什么"不懂"？你比谁都清楚。

   看什么电视？还不赶快做功课。

   还什么"你"呀"我"的，何必分得那么清楚？

11 穿西服,系领带

口语 基本句　　Basic Sentences

1. *Wǒ juéde hěn yǒu gèxìng ma.*
   我觉得很有个性嘛。　　I feel it's highly unique.

2. *Zhè jiù búyòng nǐ cāoxīn le.*
   这就不用你操心了。　　You don't have to worry about this.

3. *Zhēn ná nǐ méi bànfǎ.*
   真拿你没办法。　　I simply don't know what to do with you.

4. *Nǐ kàn nǐ.*
   你看你。　　Look at you.

5. *Hǎo ba, tīng nǐ de.*
   好吧,听你的。　　OK, I'll do it as you suggest.

6. *Kěyǐ zhème shuō.*
   可以这么说。　　You can say that. / You are right at this point.

7. *Yuánlái shì zhèyàng.*
   原来是这样。　　I see.

口语 格式　　Oral Patterns

1. 就算……也……

就算	你们都认为难看,	我	也	不在乎。
	不考试,	你		要好好准备。
	说得不好,	你		要让自己多说。
	没时间,	我		要坚持锻炼。

173

2. 你真是……

你真是　精益求精。
　　　　说到做到。
　　　　不怕麻烦。

3. 原来是这样，我说……怎么……

原来是这样，我说　我　怎么　总是花冤枉钱呢。
　　　　　　　　　他　　　　生气了。
　　　　　　　　　你　　　　要辞职呢。
　　　　　　　　　他　　　　要回家了。
　　　　　　　　　你　　　　不开门啊。

练习　Exercises

一、词语练习　Exercises in words and expressions

（一）课文中"画展"是什么意思，你还能想出哪些带有"展"的词语？What does "画展" mean in the text? Do you know any other words containing "展"?

（二）课文中"精益求精"是什么意思？你还知道哪些成语？　What does "精益求精" mean in the text? Do you know any other Chinese idioms?

（三）用"关键"改写句子　Rewrite the following sentences with "关键"

1. 学好汉语最重要的一点是多听多说。
2. 信心是成功最主要的原因。

3. 现在最重要的就是他的态度了。

二、根据课文回答问题，然后连成一段话 Answer the following questions according to the texts, and then connect your answers into a paragraph

（一）1. 苏珊和保拉在谈论什么？
2. 保拉对苏珊的穿着有什么看法？
3. 苏珊觉得自己的穿着怎么样？
4. 苏珊在乎别人对她穿着的看法吗？

（二）1. 丈夫和妻子要去做什么？
2. 妻子对丈夫的穿着怎么看？
3. 妻子对穿着怎么样？
4. 丈夫最后同意怎么做？

（三）1. 保拉为什么总是觉得没有衣服穿？
2. 王红总是穿得很漂亮，她的衣服都是新的吗？
3. 王红喜欢什么颜色的衣服？为什么？

三、按照要求完成下面的任务 Finish the following tasks as instructed

（一）在下面的横线上填上适当的词语 Fill in the blanks with proper words

1. 一副_____   一副_____   一副_____
2. 一_____裙子   一_____衬衫   一_____领带
   一_____笑话
3. 系_____   系_____   系_____

（二）选词填空 Choose the right word to fill in each blank

　　个性　操心　照样　参加　在意　搭配　便宜

1. 你看我买的这件衣服不错吧，款式好，而且很_____。
2. 妈妈，我的事我自己可以处理好，不用您替我_____了。
3. 他这个人总是很有主意，非常有_____。

4. 我想把这个包买下来，和我的那件衣服_____。

5. 虽然身体不太舒服，可他_____6点就起床了。

6. 明天晚上我们班有一个晚会，你也来_____吧。

7. 他还是个孩子，他说的话你别太_____。

（三）把下面的词语连成句子　Make sentences with the words given

1. 吃　饭　呀　还　什么　吧　走　快
2. 这么　我　的　生活　紧张　受不了
3. 工作　受不了　我　了　太　多
4. 精神　生病了　他　怪不得　没有

四、用本课的"口语基本句"完成对话　Complete the following dialogues with the Basic Sentences of this lesson

1. A：你怎么穿成这样了？_____。

   B：那有什么呀？我自己喜欢就行了。

2. A：这回你知道为什么我们都不去了吧？

   B：_____。

3. A：我们今天去颐和园吧？

   B：_____。

4. A：_____，把房间弄得这么乱。

   B：没什么，一会儿收拾一下就行了。

5. A：你是不是喜欢上小林了？

   B：_____。

五、用本课的"口语格式"完成对话　Complete the following dialogues with the Oral Patterns of this lesson

1. A：如果忘了带什么东西，我们再回来取吧。

   B：_____。　（不怕麻烦）

2. A：你一定要今天看完这本书吗？明天再看不行吗？

   B：_____。（不睡觉）

3. A：他已经从那个房间里搬出来了。

   B：_____。

六、角色练习 Role play

1. 两个同学一组，对对方今天的穿着进行评价，并给对方一些好的建议。
2. 明天你和朋友要去参加晚会，你们正在商量穿什么。

七、请你说一说 Please talk about the following topics

1. 你有很多衣服吗？你最喜欢穿什么样的衣服？为什么？
2. 今年流行什么衣服、什么颜色？请你对最近流行的一种款式的服装进行评价。
3. 请你对所在城市的人们的穿着进行评价。
4. 你们国家有哪些民族服装？你最喜欢哪个民族的衣服？

相关词语 Useful Words and Expressions

得体	détǐ	(of language or behavior) appropriate to the occasion
大方	dàfang	(of one's manner) natural and poised, easy, unaffected
年轻	niánqīng	young

服饰	fúshì	dress and personal adornment
饰物	shìwù	jewelry
戒指	jièzhi	ring
项链	xiàngliàn	necklace
耳环	ěrhuán	earring
化妆	huàzhuāng	to make up
口红	kǒuhóng	lipstick
眼影	yǎnyǐng	eye shadow
粉底	fěndǐ	foundation make-up
美容	měiróng	cosmetic surgery
美容院	měiróngyuàn	beauty salon
旗袍	qípáo	cheongsam
晚礼服	wǎn lǐfú	black tie, full evening dress
衬衣	chènyī	shirt
领结	lǐngjié	(bow) tie
笔挺	bǐtǐng	well-ironed, trim
整洁	zhěngjié	neat
潇洒	xiāosǎ	natural and elegant, free and unconventional
英俊	yīngjùn	handsome
帅气	shuàiqi	handsome
迷人	mírén	charming

Běijīng de Tiān Biàn Lán le
北京的天变蓝了
The sky in Beijing has turned blue

Bú shì ba!
1. 不是吧!

Wǒ cuò le, hái bù xíng ma?
2. 我错了,还不行吗?

Zāogāo!
3. 糟糕!

Nà gāi duō hǎo a!
4. 那该多好啊!

Wǒ xiāngxìn huì yǒu nàme yì tiān de.
5. 我相信会有那么一天的。

第十二课 北京的天变蓝了
Běijīng de Tiān Biàn Lán le
The sky in Beijing has turned blue

生词一 New Words One

1	春天	chūntiān	名	甲	spring
2	场	cháng	量	甲	a measure word
3	反正	fǎnzhèng	副	乙	anyway, anyhow, in any case
4	雨水	yǔshuǐ	名	丁	rainwater
5	环境	huánjìng	名	乙	environment
6	空地	kòngdì	名		unused land, open space
7	草坪	cǎopíng	名		lawn
8	青草	qīngcǎo	名		green grass
9	气味	qìwèi	名	丙	smell
10	清新	qīngxīn	形	丁	fresh, refreshing

课文一 Text One

保 拉：吃过晚饭了吗？我们出去散散步，好吗？

苏 珊：不是吧！外边在下雨呢。

12 北京的天变蓝了

保 拉：知道，正因为下雨，空气才好嘛。
苏 珊：哦，那好吧。

（在外面边走边聊）

保 拉：这是今年春天第几场雨，我都记不得了，反正我觉得今年雨水挺多的。
苏 珊：你看，北京的环境越来越好了，就拿咱们学校来说吧，原来的这几片空地，现在都变成草坪了。
保 拉：我都闻到青草的气味了。
苏 珊：下雨的时候空气就是清新。
保 拉：那我刚才叫你出来散步，你还不想来呢。
苏 珊：我错了，还不行吗？咱们继续往前走吧。

Bǎolā: Chīguo wǎnfàn le ma? Wǒmen chūqu sànsan bù, hǎo ma?
Sūshān: Bú shì ba! Wàibian zài xià yǔ ne.
Bǎolā: Zhīdao, zhèng yīnwèi xià yǔ, kōngqì cái hǎo ma.
Sūshān: Ò, nà hǎo ba.

(Zài wàimian biān zǒu biān liáo)

Bǎolā: Zhè shì jīnnián chūntiān dì jǐ cháng yǔ, wǒ dōu jì bu de le, fǎnzhèng wǒ juéde jīnnián yǔshuǐ tǐng duō de.
Sūshān: Nǐ kàn, Běijīng de huánjìng yuè lái yuè hǎo le, jiù ná zánmen xuéxiào lái shuō ba, yuánlái de zhè jǐ piàn kòngdì, xiànzài dōu biànchéng cǎopíng le.
Bǎolā: Wǒ dōu wén dào qīngcǎo de qìwèi le.
Sūshān: Xià yǔ de shíhou kōngqì jiù shì qīngxīn.
Bǎolā: Nà wǒ gāngcái jiào nǐ chūlai sànbù, nǐ hái bù xiǎng lái ne.
Sūshān: Wǒ cuò le, hái bù xíng ma? Zánmen jìxù wǎng qián zǒu ba.

生词二 New Words Two

1	沙尘暴	shāchénbào	名		sandstorm
2	糟糕	zāogāo	形	乙	too bad
3	刮	guā	动	甲	to blow
4	蓝	lán	形	甲	blue
5	记得	jìde	动	乙	to remember
6	窗台	chuāngtái	名	丙	windowsill
7	土	tǔ	名	乙	dust
8	打扫	dǎsǎo	动	丙	to clean, to sweep
9	净	jìng	副	丙	only, merely, nothing but
10	重视	zhòngshì	动	乙	to think much of, to regard highly
11	治理	zhìlǐ	动	丁	to harness, to tame, to bring under control

课文二 Text Two

张　林：你听天气预报了吗？明天有沙尘暴。

比　尔：糟糕，我明天下午还要出去办点儿事呢。

张　林：今年春天还没刮过沙尘暴吧？

比　尔：是啊，现在沙尘暴减少了很多，北京的天也变蓝了。

12 北京的天变蓝了

张　林：记得去年刮沙尘暴的时候，我的桌子上、窗台上都是土，打扫了好长时间呢。

比　尔：是啊，那天我出去了一趟，回到房间的时候，鞋上、衣服上也净是土。

张　林：现在人们越来越重视沙尘暴的治理了。

比　尔：如果北京的春天没有了沙尘暴，那该多好啊！

张　林：我相信会有那么一天的。

Zhāng Lín: Nǐ tīng tiānqì yùbào le ma? Míngtiān yǒu shāchénbào.

　　Bǐ'ěr: Zāogāo, wǒ míngtiān xiàwǔ hái yào chūqu bàn diǎnr shìr ne.

Zhāng Lín: Jīnnián chūntiān hái méi guāguo shāchénbào ba?

　　Bǐ'ěr: Shì a, xiànzài shāchénbào jiǎnshǎole hěn duō, Běijīng de tiān yě biàn lán le.

Zhāng Lín: Jìde qùnián guā shāchénbào de shíhou, wǒ de zhuōzi shang, chuāngtái shang dōu shì tǔ, dǎsǎole hǎo cháng shíjiān ne.

　　Bǐ'ěr: Shì a, nà tiān wǒ chūqule yí tàng, huí dào fángjiān de shíhou, xié shang, yīfu shang yě jìng shì tǔ.

Zhāng Lín: Xiànzài rénmen yuè lái yuè zhòngshì shāchénbào de zhìlǐ le.

　　Bǐ'ěr: Rúguǒ Běijīng de chūntiān méiyǒule shāchénbào, nà gāi duō hǎo a!

Zhāng Lín: Wǒ xiāngxìn huì yǒu nàme yì tiān de.

生词三 New Words Three

1	郊区	jiāoqū	名	乙	suburb
2	植树	zhíshù	动		to plant trees
3	大学生	dàxuéshēng	名		college or university student
4	环保	huánbǎo	名/形		environmental protection; environment-friendly
5	一次性	yícìxìng	形		one-time
6	餐盒	cān hé			meal box
7	型	xíng	名	丁	type, pattern
8	垃圾	lājī	名	乙	rubbish
9	筒	tǒng	名	丙	thick tube-shaped object
10	装	zhuāng	动	甲	to hold
11	回收	huíshōu	动	丁	to recycle
12	街	jiē	名	甲	street
13	塑料袋	sùliào dài			plastic bag
14	布	bù	名	甲	cloth
15	口袋	kǒudai	名	乙	bag, sack, pocket
16	绿地	lǜdì	名		afforested land

课文三 Text Three

保 拉：上个周末怎么没见到你？
王 红：我跟同学一起去郊区植树了。
保 拉：听说留学生也可以去，是真的吗？
王 红：对，我就看见过留学生和中国大学生一起植树。
保 拉：中国人越来越重视环保了，是吧？
王 红：是。你看我们食堂里的一次性筷子都不用了，一次性的餐盒也换成环保型的了。
保 拉：我发现大街上的垃圾筒也分成两种了。一种装可以回收的垃圾，一种装不能回收的。
王 红：还有啊，很多人上街买菜都不用塑料袋了，他们开始用自己的布口袋了。
保 拉：北京的绿地也多起来了。
王 红：是啊，只要人人都注意环保，我们的城市就会变得越来越美。

Bǎolā: Shàng ge zhōumò zěnme méi jiàndào nǐ?
Wáng Hóng: Wǒ gēn tóngxué yìqǐ qù jiāoqū zhíshù le.
Bǎolā: Tīngshuō liúxuéshēng yě kěyǐ qù, shì zhēn de ma?

Wáng Hóng: Duì, wǒ jiù kànjiàn guo liúxuéshēng hé Zhōngguó dàxuéshēng yìqǐ zhíshù.

Bǎolā: Zhōngguórén yuè lái yuè zhòngshì huánbǎo le, shì ba?

Wáng Hóng: Shì. Nǐ kàn wǒmen shítáng li de yícìxìng kuàizi dōu bú yòng le, yícìxìng de cān hé yě huànchéng huánbǎo xíng de le.

Bǎolā: Wǒ fāxiàn dàjiē shang de lājītǒng yě fēnchéng liǎng zhǒng le. Yì zhǒng zhuāng kěyǐ huíshōu de lājī, yì zhǒng zhuāng bù néng huíshōu de.

Wáng Hóng: Hái yǒu a, hěn duō rén shàng jiē mǎi cài dōu bú yòng sùliào dài le, tāmen kāishǐ yòng zìjǐ de bù kǒudai le.

Bǎolā: Běijīng de lǜdì yě duō qilai le.

Wáng Hóng: Shì a, zhǐyào rénrén dōu zhùyì huánbǎo, wǒmen de chéngshì jiù huì biàn de yuè lái yuè měi.

语言点注释 Notes on Grammar

1. **外边在下雨呢。** It's raining outside.

   "在……呢"表示动作正在发生。例如：
   The pattern "在……呢" is used for an ongoing action. For example:

   我们在谈话呢。
   他们在睡觉呢。
   他在学习呢。
   你在干什么呢？

2. **反正我觉得今年雨水挺多的。** Anyhow, I think it's rainy this year.

   "反正"，副词。一般用在动词或者句子前面，表示"不管什么原因，都要去做。"例如：

北京的天变蓝了 **12**

The adverb "反正" precedes a verb or a clause to mean the subject is determined to do something for whatever the reason. For example:

不管他同意不同意，我反正要去。

你反正赢不了我。

怕什么，反正我们是讲道理的。

3. 就拿咱们学校来说吧…… Take our school as an example ...

"拿……来说"用来举例，前一个句子说出一个规律或者一般的情况，后一个句子用"拿……来说"举例证明。例如：

"拿……来说" is used after a general statement to raise an example. For example：

大家都很辛苦，拿张老师来说，都两天没睡觉了。

我们都喜欢运动，拿我来说，每周要打两次乒乓球、两次羽毛球。

口语 基本句 Basic Sentences

Bú shì ba!
1. 不是吧！   Are you serious?

Wǒ cuò le, hái bù xíng ma?
2. 我错了，还不行吗？   Sorry, it's my fault. OK?

Zāogāo!
3. 糟糕！   Oh, that's too bad!

Nà gāi duō hǎo a!
4. 那该多好啊！   How nice that would be! / That would be perfect.

Wǒ xiāngxìn huì yǒu nàme yì tiān de.
5. 我相信会有那么一天的。   I believe it will come true some day.

口语 格式　Oral Patterns

1. 正因为……才……

正因为	下雨，空气	才	好嘛。
	学习努力，他的成绩		这么好。
	平时不注意休息，你		会得病。
	喜欢足球，他		会踢得那么好。

2. ……还不行吗？

   我错了　　还不行吗？
   我答应你
   我同意了
   我向你道歉
   我请你吃饭

3. ……，那该多好啊！

   如果北京的春天没有了沙尘暴，那该多好啊！
   要是我会游泳，
   你那天要是在场，
   他们能幸福地在一起，

4. 只要……就……

只要	人人都注意环保，我们的城市	就	会变得越来越美。
	努力，我们		一定会成功。
	天气好，我们明天		去长城。
	有时间，我		一定陪你去。

练习 Exercises

一、词语练习 Exercises in words and expressions

（一）课文中"一次性"的"性"是什么意思？你还能想出哪些带有"性"的词语吗？ What does "性" mean in "一次性"? Can you find any other words or phrases with "性"?

（二）课文中"环保型"的"型"是什么意思？你还能想出哪些带有"型"的词语吗？ What does "型" mean in "环保型"? Can you find any other words or phrases with "型"?

（三）用"反正"改写句子 Rewrite the following sentences with "反正"
1. 不管别人怎么说，我都认为这样的晚会还是越少越好。
2. 别人怎么看，我不管，我觉得应该告诉他这件不愉快的事。
3. 随便别人怎么说，但是我现在不同意这件事的处理方法。

（四）用"净"改写句子 Rewrite the following sentences with "净"
1. 他的房间里全都是书。
2. 我的衣柜里全都是红色的衣服。
3. 他总是说那些没用的话。

二、根据课文回答问题，然后连成一段话 Answer the following questions according to the texts, and then connect your answers into a paragraph

（一）1. 保拉为什么坚持要在下雨时出去散步？
    2. 保拉和苏珊发现学校的环境有什么变化？
    3. 后来苏珊为什么对保拉说"我错了"？

（二）1. 天气预报说明天天气怎么样？

2. 去年沙尘暴的时候什么样？

3. 现在沙尘暴减少了吗？为什么？

（三）1. 上周末王红干什么去了？

2. 食堂有什么环保的措施？

3. 为了环保人们还做了哪些事情？

三、按照要求完成下面的任务 Finish the following tasks as instructed

（一）在下面的横线上填上适当的词语 Fill in the blanks with proper words

1. ＿＿＿＿一趟　　＿＿＿＿一趟　　＿＿＿＿一趟

＿＿＿＿一趟　　＿＿＿＿一趟

2. 一场＿＿＿＿　　一场＿＿＿＿　　一场＿＿＿＿

一场＿＿＿＿

3. 一＿＿＿垃圾筒　一＿＿＿口袋　一＿＿＿绿地

一＿＿＿草坪　一＿＿＿空地

（二）选词填空 Choose the right word to fill in each blank

治理　　环境　　环保

1. 你在中国生活了一年了，你觉得中国的生活和学习＿＿＿＿怎么样？

2. 经过十多年的＿＿＿＿，这条河终于又有鱼了。

3. 现在大部分的市政府都非常重视＿＿＿＿。

四、用本课的"口语基本句"完成对话 Complete the following dialogues with the Basic Sentences of this lesson

1. A：我们到大海深处游泳吧。

B：＿＿＿＿＿＿＿＿＿＿＿＿＿！

北京的天变蓝了 **12**

2. A：希望世界上永远没有战争和灾害。

   B：是啊，_____！

3. A：你怎么能这么做啊？太没有原则了。

   B：_____？

4. A：真希望他能拿到冠军。

   B：_____。

五、用本课的"口语格式"完成对话 Complete the following dialogues with the Oral Patterns of this lesson

1. A：你昨天还说你以后可以准时到，为什么今天就迟到了？

   B：_____。

2. A：我怎样才能写好汉字呢？

   B：_____。

3. A：听说他们全家都会唱京剧。

   B：_____。

4. A：他的汉语很流利。

   B：真羡慕啊，_____。

六、角色练习 Role play

1. A是一个环保专家，B是一个城市的市长，B想听听A对这个城市环保方面的意见和建议。

2. 你看见一个人在破坏环境，上去劝阻他。

七、请你说一说 Please talk about the following topics

1. 你是怎么支持环保的？请举例说明。

2. 你见过沙尘暴吗？你还见过什么特别的天气？

3. 你觉得现在最严重的环境问题是什么？
4. 你认为在你们国家环保工作做得怎么样？请举例说明。

相关词语 Useful Words and Expressions

绿化	lǜhuà	to afforest
无公害	wú gōnghài	non-polluted
绿色	lǜsè	green
再生	zàishēng	to regenerate
节约	jiéyuē	to save
节能	jiénéng	energy saving
节电	jiédiàn	electricity saving
污染	wūrǎn	pollution
风沙	fēngshā	wind-borne sand
灰尘	huīchén	dust
尾气	wěiqì	tail gas
蓝天	lán tiān	blue sky
白云	bái yún	white cloud
灰蒙蒙	huīméngméng	dusky, overcast
颗粒物	kēliwù	particle
脏	zāng	dirty

12 北京的天变蓝了

有害	yǒu hài	harmful
无害	wú hài	harmless
天然气	tiānránqì	natural gas
汽油	qìyóu	gasoline
石油	shíyóu	petroleum
煤炭	méitàn	coal
暖气	nuǎnqì	heating
空调	kōngtiáo	air conditioner
冷风	lěngfēng	cold wind, cool air
热风	rèfēng	hot wind, hot air
酸雨	suānyǔ	acid rain
干燥	gānzào	dry

综合练习题（二）
Comprehensive Exercises（Ⅱ）

第一部分　书面题
Part Ⅰ　Written Exercises

一、选择合适的词语填空
Choose the right word to fill in each blank

1. 几年之后，这里从一个小城市_____了一个现代化的大城市。
   A. 变成　　　　B. 当成　　　　C. 变

2. 他_____坚持锻炼，所以看起来那么年轻。
   A. 继续　　　　B. 一直　　　　C. 下去

3. 现在健身是一_____时尚。
   A. 种　　　　　B. 个　　　　　C. 场

4. 我锻炼不是_____减肥，而是_____健身。
   A. 因此　　　　B. 因为　　　　C. 为了

5. 时间不早了，我_____走了。
   A. 得　　　　　B. 需要　　　　C. 不得

6. 我们班上_____日本人，还有韩国人、美国人等等。
   A. 开除　　　　B. 除了　　　　C. 除外

7. 你不知道，_____我也很喜欢养宠物。

  A. 其中　　　　　B. 其实　　　　　C. 其他

8. 我们_____去报名吧，晚了就报不上了。

  A. 赶快　　　　　B. 很快　　　　　C. 快乐

9. 大家_____吃的就已经很好了，所以对过年没兴趣了。

  A. 有时　　　　　B. 时常　　　　　C. 平时

10. 这么远，要不我们_____打车吧。

  A. 干脆　　　　　B. 即使　　　　　C. 要是

二、选择合适的句子填空

Choose the right sentence to fill in each blank

> 你注意安全啊　　太危险了　　那该多好啊　　还没准儿呢
> 那多不好意思啊　　告诉你一个好方法吧　　管用吗　　原来是这样
> 这你就外行了　　再考虑考虑吧

1. 这种方法我没试过，_____？
2. 我真希望拿到奖学金，_____！
3. _____，还是我教你吧。
4. 我跟她结婚不结婚_____。
5. _____，保证你能学好汉语。
6. 啊，_____，我现在会做这个菜了。
7. 让你请客，_____。
8. 你别着急做决定，_____。
9. 别开这么快，_____。
10. 路上车多，_____。

195

三、用指定格式完成句子

Complete the following sentences with the words or patterns given

1. 你有这么好的主意，_____？（干吗）
2. 这是你的吉他？_____。（看不出来你还……）
3. 原来他最近住院了，_____。（怪不得）
4. 我没告诉你这件事，_____。（倒不是……而是……）
5. 这个饭馆_____，我们还是去别的地方吧。

（A是A，就是……）

四、用指定格式改写句子

Rewrite the following sentences with the patterns given

1. 这件事情还不一定呢。
   （还没准儿呢）
   _____。

2. 我学习汉语是因为我很喜欢中国文化。
   （正因为……才……）
   _____。

3. 晚上他们在宿舍里唱歌、跳舞、打牌。
   （又……又……还……）
   _____。

4. 那天他接到爸爸的来信，高兴得不知怎么好了。
   （别提多……了）
   _____。

5. 喝酒不仅伤身体，有时候也会丢人。
   （……不说，还……）
   _____。

五、用指定格式完成对话

Complete the dialogues with the patterns given

1. A：你是什么时候去的美国？
   B：_____。（大概……吧）
2. A：你喜欢在这里生活吗？
   B：_____。（说实话）
3. A：你为什么每天都来这里打球？
   B：_____。（一来……，二来……）
4. A：这么冷的天气你还穿裙子，真是奇怪。
   B：_____。（有什么……的）
5. A：今年夏天你去不去旅游？
   B：_____。（就算……也……）
6. A：北京的环境最近怎么样？
   B：_____。（就拿……来说吧）
7. A：你怎么晚上不回来也不告诉我们啊？
   B：_____。（……还不行吗）
8. A：我还能不能打好网球啊？
   B：_____。（只要……就……）

第二部分　口语题
Part II　Oral Exercises

一、在什么时候会用到下面的句子

Please tell in what situations we will say the following sentences

1. 你注意安全啊！

2. 这你就外行了。

3. 这倒是个好主意。

4. 再考虑考虑吧。

5. 真拿你没办法。

6. 原来是这样。

7. 那该多好啊!

二、角色练习（可选择一题）

Role play: you may choose one of the following situations

1. 你在健身中心，跟教练谈你的训练计划。

2. 你的邻居养了一只狗，每天吵得你睡不着觉，你要跟邻居谈谈。

3. 过年的时候，你去中国朋友家做客，你怎么给朋友拜年？

4. 你要去参加一个同学的婚礼，你和朋友正在商量穿什么。

三、话题表达（可选择一题）

Topics for your talk: you may choose one of them

1. 介绍一个节日，包括来历、习俗、怎么庆祝等等。

2. 请你描述一下你们国家的人怎么结婚。

3. 找一些图片，说说哪些衣服搭配是你喜欢的，为什么。

4. 你认为环境保护重要吗？你觉得还有什么好的做法？

词语索引 Index of Vocabulary

	拼音	词性	等级	英译	课数
A					
哎哟	āiyō	叹	丙	used to show astonishment or pain	5–1
爱好	àihào	名/动	乙	hobby; to be interested in	7–3
爱人	àiren	名	甲	husband or wife	4–2
安排	ānpái	动	甲	to arrange, to plan	6–2
B					
白头偕老	báitóu xié lǎo			to grow old together	10–1
拜年	bàinián	动	丁	to pay a New Year call, to wish sb. a happy New Year	9–3
班车	bānchē	名		regular bus (service)	5–2
搬	bān	动	甲	to move from one place to another	4–2
报名	bàomíng	动	乙	to register	6–2
抱	bào	动	甲	to hold or carry in the arms	8–1
爆竹	bàozhú	名	丁	firecracker	9–3
杯	bēi	名	甲	cup	1–2
本来	běnlái	形/副	乙	original, at first; originally	4–2

汉语口语基本句(准中级)·下册

比如说	bǐrú shuō			for example, for instance	8–2
笔记	bǐjì	名/动	乙	notes; to take down notes	3–1
笔记本	bǐjìběn	名		laptop	3–1
毕业	bìyè	动	乙	to graduate, to finish school	1–3
避	bì	动	乙	to avoid, to shun	5–2
别提	biétí	动		don't even mention it	3–2
冰雕	bīngdiāo	名		ice sculpture	5–3
病毒	bìngdú	名	丁	virus	3–3
病人	bìngrén	名	乙	patient, sick person	2–2
补	bǔ	动	乙	to fill up, to supply, to make up for	2–1
不但……而且……	búdàn…… érqiě……	连	甲	not only... but also...	11–1
不见得	bújiànde	副	丙	not necessarily, not likely	7–2
不久	bùjiǔ	形	甲	not long (after), soon	4–2
布	bù	名	甲	cloth	12–3

C

参加	cānjiā	动	甲	to take part in	6–3
餐盒	cān hé			meal box	12–3
餐厅	cāntīng	名	乙	dining hall	2–3
操场	cāochǎng	名	甲	playground, sports ground	7–3
操心	cāoxīn	动	丙	to worry about	11–1
草坪	cǎopíng	名		lawn	12–1
曾经	céngjīng	副	乙	once, ever	1–3
查	chá	动	甲	to check, to examine	3–2
常客	chángkè	名		regular visitor	7–3
场	cháng	量	甲	*a measure word*	12–1

吵	chǎo	动/形	乙	to make a noise; noisy	5–1
衬衫	chènshān	名	乙	shirt	11–1
成绩	chéngjì	名	甲	(test) result, score	6–1
宠物	chǒngwù	名		pet	8–2
抽（烟）	chōu (yān)	动	乙	to smoke	4–1
出差	chūchāi	动	丁	to be on a business trip	4–2
出入境	chū-rù jìng			(of a country) entry and exit	2–1
出租车	chūzūchē	名		taxi	1–1
初一	chūyī	名		the first day of the lunar year	9–3
除了	chúle	介	甲	besides	7–3
除夕	chúxī	名	丁	the New Year's Eve	9–3
穿着	chuānzhuó	名		dress, apparel	11–2
传统	chuántǒng	形/名	乙	traditional; tradition	9–2
窗台	chuāngtái	名	丙	windowsill	12–2
春联	chūnlián(r)	名		Spring Festival couplets	9–3
春天	chūntiān	名	甲	spring	12–1
存款	cúnkuǎn	名	丁	savings	10–3

D

搭配	dāpèi	动	丁	to match	11–3
打扮	dǎban	动/名	乙	to dress up, to make up; dress, attire	11–1
打扫	dǎsǎo	动	丙	to clean, to sweep	12–2
大多数	dàduōshù	名	乙	great majority	10–2

大学生	dàxuéshēng	名		college or university student	12–3
待	dāi	动	乙	to idle away	1–2
戴	dài	动	甲	to put on, to wear	11–1
蛋糕	dàngāo	名	乙	cake	10–2
当地	dāngdì	名	乙	locality, place mentioned	2–1
倒	dào	副		*used to indicate sth. is contrary to what is expected or thought*	7–3
到期	dàoqī	动	丁	to become due	7–2
登	dēng	动	乙	to climb, to ascend, to mount	5–1
等等	děng děng			and so on, etc.	1–3
电器	diànqì	名	丙	electrical appliance	10–3
电影院	diànyǐngyuàn	名	乙	cinema, movie theater	2–2
丢	diū	动	甲	to lose	2–1
丢人	diūrén	动	丁	to lose face, to be disgraced	9–2
冬天	dōngtiān	名	甲	winter	5–3
冻	dòng	动	乙	to feel very cold, to be frost-bitten	5–3
读书	dúshū	动	乙	to study	4–2
堵	dǔ	动/形	乙	to stop up, to block; blocked	4–2
堵车	dǔchē	动		to be congested with traffic	4–2
肚子	dùzi	名	乙	belly, abdomen	2–2
度	dù	量	乙	degree	5–3

多么	duōme	副	甲	to what extent, how	1–3
多云	duōyún	名		cloudy	5–1
朵	duǒ	量	乙	*a measure word used for flowers, cloud, etc.*	10–2

E

饿	è	形	甲	hungry	4–2

F

烦	fán	形/动	丙	annoyed; to irritate	6–1
烦心	fánxīn	形		annoying, vexatious	6–1
反正	fǎnzhèng	副	乙	anyway, anyhow, in any case	12–1
方法	fāngfǎ	名	甲	way, method, solution	7–1
方式	fāngshì	名	乙	way, method	9–2
房子	fángzi	名	乙	house	4–2
放松	fàngsōng	动	丙	to relax	1–2
封	fēng	量	甲	*a measure word for letters or other things sealed, etc.*	3–2
辅导	fǔdǎo	动	甲	to guide, to tutor	6–2
付	fù	动	乙	to pay	10–2

G

干杯	gānbēi	动	乙	to drink a toast	1–2
干脆	gāncuì	副/形	乙	simply, just	10–3
干涉	gānshè	动	丙	to interfere, to intervene	6–3

个性	gèxìng	名	丙	personality, individuality	11-1
公安局	gōng'ānjú	名		police station, public security bureau	2-1
公里	gōnglǐ	量	甲	kilometer	1-1
恭喜发财	gōngxǐ fācái			May you be prosperous!	9-3
狗	gǒu	名	乙	dog	8-3
够	gòu	副	甲	enough	8-2
估计	gūjì	动	乙	to estimate, to reckon	10-3
股票	gǔpiào	名		share, stock	10-3
瓜子	guāzǐ(r)	名	丙	melon seed	4-2
刮	guā	动	甲	to blow	12-2
挂失	guàshī	动		to report the loss of sth.	2-1
怪不得	guàibude	副	丙	no wonder, so that's why	7-3
关键	guānjiàn	名/形	乙	key, crux; essential	11-3
关门	guānmén	动		to close down, to shut a business	3-3
管理处	guǎnlǐchù	名		administration office, management agency	2-1
管用	guǎnyòng	形		useful, effective	7-1
光	guāng	副	乙	only	1-2
光驱	guāngqū	名		CD-ROM	3-1
鬼	guǐ	形/名	乙	terrible, damnable; ghost	5-2
过来	guòlai	动	甲	to come over, to come up	8-2
过年	guònián	动	乙	to celebrate the Spring Festival	9-1
过时	guòshí	形		outdated, out of fashion	11-3

H

汉字	拼音	词性	级别	英文	课-节
汗	hàn	名	乙	sweat, perspiration	2–2
好吃	hǎochī	形	甲	delicious, tasty	4–3
好看	hǎokàn	形	甲	good-looking	6–3
好听	hǎotīng	形	乙	pleasant to hear, melodious	1–2
好在	hǎozài	副	丁	fortunately, luckily	2–1
合适	héshì	形	甲	suitable, appropriate	4–1
盒	hé	名	乙	box, especially a small one	7–1
盒子	hézi	名		box, case, basket	8–1
阖家幸福	héjiā xìngfú			Wish you a happy family!	9–3
黑	hēi	形	甲	black	11–3
嗨	hēi	叹		(used to call attention) hey	7–3
红包	hóngbāo	名		red envelope containing money as a gift	10–3
滑冰	huábīng	动	乙	to go skating	5–3
滑雪	huáxuě	动	丙	to go skiing	5–3
画展	huàzhǎn	名		art exhibition, exhibition of paintings	11–2
环保	huánbǎo	名/形		environmental protection; environment-friendly	12–3
环境	huánjìng	名	乙	environment	12–1
黄	huáng	形	甲	yellow	11–1
回去	huíqu	动	甲	to go back, to return	2–3
回收	huíshōu	动	丁	to recycle	12–3

婚礼	hūnlǐ	名		wedding ceremony	10–1
婚纱照	hūnshā zhào	名		wedding photo	10–3
火车站	huǒchē zhàn	名		railway station	9–1

J

机票	jīpiào	名		plane ticket	2–1
机子	jīzi	名		small machine (e.g. a laptop)	3–3
鸡	jī	名	甲	chicken	9–1
激动	jīdòng	形/动	乙	excited; to excite	5–3
及时	jíshí	形/副	乙	timely, in time; promptly	5–2
极	jí	副	乙	extremely, very	1–1
急救	jíjiù	动		first aid, emergency treatment	2–2
挤	jǐ	动	甲	to squeeze	6–2
系	jì	动	甲	to tie, to fasten	11–2
记得	jìde	动	乙	to remember	12–2
寂寞	jìmò	形	丙	lonely, lonesome	8–3
家家户户	jiājiāhùhù	名		every household	9–3
家具	jiājù	名		furniture	10–3
减肥	jiǎnféi	动		to lose weight, to slim	7–1
健身	jiànshēn	动		to keep fit	7–2
健身房	jiànshēnfáng	名		gymnasium	7–2
降	jiàng	动	乙	to lower, to reduce	5–2
交往	jiāowǎng	动	丁	to associate, to contact	1–3
郊区	jiāoqū	名	乙	suburb	12–3
教授	jiàoshòu	名	乙	professor	6–2

街	jiē	名		甲	street	12–3
节日	jiérì	名		甲	festival	4–2
结婚	jiéhūn	动		乙	to get married	10–3
紧	jǐn	形		甲	tight	6–2
紧急	jǐnjí	形		丙	emergent	2–3
精读	jīngdú	动			to read carefully and thoroughly	6–2
精益求精	jīng yì qiú jīng			丁	to keep improving, to constantly improve	11–2
净	jìng	副		丙	only, merely, nothing but	12–2
酒吧	jiǔbā	名			bar, pub	1–3
酒席	jiǔxí	名			banquet, feast	10–3
旧	jiù	形		甲	old	11–3
救护车	jiùhùchē	名			ambulance	2–2
就算	jiùsuàn	连		丁	even if	11–1

K

开幕式	kāimùshì	名			opening ceremony	11–2
看望	kànwàng	动		丁	to call on, to visit	4–1
康乃馨	kāngnǎixīn	名			carnation	4–1
考虑	kǎolǜ	动		乙	to consider, to think over	8–2
烤鸭	kǎoyā	名			roast duck	4–3
可爱	kě'ài	形		乙	adorable, lovely	8–2
客人	kèren	名		乙	visitor, guest	10–1
空气	kōngqì	名		甲	air	5–2

空地	kòngdì	名		unused land, open space	12-1
口袋	kǒudai	名	乙	bag, sack, pocket	12-3
裤子	kùzi	名	乙	trousers, pants	11-2
筷子	kuàizi	名	乙	chopsticks	4-3
款式	kuǎnshì	名		model, style, design	11-1

L

垃圾	lājī	名	乙	rubbish	12-3
拉拉队	lālāduì	名		cheering squad	6-3
腊月	làyuè	名	丁	the 12th lunar month	9-1
来不及	láibují	动	乙	to be too late to do sth.	5-1
来着	láizhe	助		used at the end of an affirmative sentence	2-3
蓝	lán	形	甲	blue	12-2
篮球	lánqiú	名	甲	basketball	6-3
郎才女貌	láng cái nǚ mào			(a perfect match between) a talented man and a beautiful woman	10-1
老	lǎo	副	乙	always	3-3
老板	lǎobǎn	名	乙	boss	3-3
老家	lǎojiā	名	丁	old home, native place	5-3
老人	lǎorén	名	乙	old people	8-3
冷	lěng	形	甲	cold	5-1
厉害	lìhai	形	乙	terrible, awful	2-2
联欢	liánhuān	动	乙	(to have) a get-together	9-3
联网	liánwǎng	动		to hook up to the network, to be availale online	2-3

词语 索引

联系	liánxì	动	甲	to contact, to get in touch with	8–1
恋爱	liàn'ài	动/名	乙	to be in love; love	10–1
凉	liáng	形	乙	cool, cold	5–2
聊	liáo	动	乙	to chat	4–2
聊天儿	liáotiānr	动	乙	to chat	9–3
零	líng	数	甲	used in expressions of time, age, weight etc. between two different denominations	10–1
零下	líng xià			below zero	5–3
领带	lǐngdài	名		tie	11–2
领馆	lǐngguǎn	名		consulate	2–1
领子	lǐngzi	名	丁	collar	11–2
留步	liúbù	动		don't bother to see me out	4–3
流	liú	动	甲	(of liquid) to flow	2–2
流行	liúxíng	动	丙	popular, fashionable	11–1
旅游	lǚyóu	动/名	丙	to travel; journey, trip	9–2
绿	lǜ	形	甲	green	11–1
绿地	lǜdì	名		afforested land	12–3
乱	luàn	形	甲	in disorder, in a mess	11–2
落伍	luòwǔ	动		to be outdated, to be out of date	7–2

M

| 马上 | mǎshàng | 副 | 甲 | at once, immediately, right away | 1–2 |

209

嘛	ma	助	甲	used to emphasize the reason is obvious	9-1
慢	màn	形	甲	slow	4-3
猫	māo	名	乙	cat, pussy	8-1
猫粮	māo liáng			cat food	8-2
猫砂	māo shā			kitty litter	8-2
毛衣	máoyī	名	乙	(woolen) sweater	8-1
冒	mào	动	乙	to emit, to give off	5-2
没准儿	méizhǔnr	动		not sure	9-1
玫瑰	méigui	名	丁	rose	10-2
魅力	mèilì	名		charm	11-1
门口	ménkǒu	名	甲	entrance, doorway, gate	8-1
免不了	miǎnbuliǎo	动		to be unavoidable	9-2
面子	miànzi	名	丁	reputation, prestige, face	10-2
描述	miáoshù	动	丁	to describe, to characterize	2-2
名牌	míngpái	名	丁	name brand	3-1
明显	míngxiǎn	形	乙	clear, obvious	7-1

N

耐心	nàixīn	形/名	乙	patient; patience	8-2
男朋友	nánpéngyou	名		boyfriend	6-1
难道	nándào	副	乙	used in a rhetorical question for emphasis	6-3
闹别扭	nào bièniu			to be at odds	6-1
年货	niánhuò	名		special purchases for the Spring Festival	9-1

暖和	nuǎnhuo	形	甲	warm	5-1

O

哦	ò	叹	丙	oh, aw	1-1

P

趴	pā	动	丙	to lie on one's stomach	2-2
怕	pà	动	甲	to be afraid	7-1
拍照	pāizhào	动	丁	to take a picture	5-3
排队	páiduì	动	丁	to queue up, to line up	9-1
牌子	páizi	名	丙	brand, trademark	3-1
派出所	pàichūsuǒ	名	丁	local police station	2-1
盼	pàn	动	丙	to yearn for, to look forward to	9-1
旁边	pángbiān	名	甲	side, beside, next to	2-2
胖	pàng	形	乙	fat	7-2
配	pèi	动	丙	to match	11-1
碰	pèng	动	甲	to meet, to run into	9-3
碰头	pèngtóu(r)	动		to meet	1-1
品位	pǐnwèi	名		taste and quality	4-1

Q

妻子	qīzi	名	乙	wife	11-2
其实	qíshí	副	丙	in fact	2-3
其中	qízhōng	名	乙	among (which, them, etc.); in (which, it, etc.)	2-3

奇怪	qíguài	形	乙	odd, strange, weird	2–1
起床	qǐchuáng	动	甲	to get up	5–1
气味	qìwèi	名	丙	smell	12–1
气温	qìwēn	名	乙	(air) temperature	5–2
签证	qiānzhèng	名/动	丁	visa	2–1
敲	qiāo	动	乙	to knock	4–2
翘	qiào	动	丙	to turn upwards	11–2
切	qiē	动	乙	to cut, to slice, to chop	10–2
亲朋好友	qīnpéng hǎoyǒu			relatives and friends	9–2
亲戚	qīnqi	名	乙	relative	10–2
青草	qīngcǎo	名		green grass	12–1
清新	qīngxīn	形	丁	fresh, refreshing	12–1
晴	qíng	形	甲	sunny, clear, fine	5–1
全家福	quánjiāfú	名		photo of a whole family	4–2
缺	quē	动	乙	to be short of, to lack	9–1
裙子	qúnzi	名	乙	skirt	11–1

R

染	rǎn	动	乙	to dye	6–3
让步	ràngbù	动	丁	to give in, to yield	6–3
热闹	rènao	形	乙	(of a scene) bustling with noise and excitement, lively	1–3
人情	rénqíng	名	丁	human feelings	10–2
认真	rènzhēn	形	甲	serious, earnest	8–2

S

散步	sànbù	动	甲	to take a walk, to go for a walk	8–3
嗓子	sǎngzi	名	乙	throat	5–2
沙尘暴	shāchénbào	名		sandstorm	12–2
伤	shāng	动	乙	to impair	9–2
商场	shāngchǎng	名	乙	mall	8–1
商量	shāngliang	动	乙	to consult, to discuss, to talk over	4–1
上网	shàngwǎng	动		to surf the Internet	3–2
上学	shàngxué	动	甲	to be at school	1–3
勺子	sháozi	名	乙	spoon	4–3
升级	shēngjí	动		to upgrade	3–2
失陪	shīpéi	动		Excuse me, I have to leave.	10–1
湿	shī	形	乙	wet, damp, humid	5–2
时尚	shíshàng	名/形		vogue, fashion; fashionable	7–2
实话	shíhuà	名	丙	truth	9–2
使馆	shǐguǎn	名		embassy	2–1
梳	shū	动	丙	to comb	11–2
熟人	shúrén	名		acquaintance, friend	9–3
摔	shuāi	动	乙	to fall, to lose one's balance	9–2
顺	shùn	形	丙	smooth	4–2
私生活	sīshēnghuó	名		personal or private life	6–3
死机	sǐjī	动		to crash, to break down	3–3

俗气	súqì	形		worldly, vulgar	4-1
速度	sùdù	名	乙	speed, rate, pace	3-2
塑料袋	sùliào dài			plastic bag	12-3
随礼	suí lǐ			to give presents (normally cash)	10-2
随意	suíyì	形	丁	at will	10-1

T

台	tái	量	乙	a measure word for machines	3-3
糖	táng	名	甲	sugar, candy	4-1
疼	téng	形	甲	painful	2-2
提起	tíqǐ	动		to mention, to speak of	1-1
提前	tíqián	动	乙	to advance, to do sth. ahead of time	9-1
天气	tiānqì	名	甲	weather	5-1
贴	tiē	动	乙	to paste, to glue, to stick to	9-3
通	tōng	名/动	甲	expert, specialist, authority; to know, to understand	9-3
筒	tǒng	名	丙	thich tube-shaped object	12-3
头发	tóufa	名	乙	hair	6-3
透	tòu	形	乙	full, complete	5-2
图	tú	动		to seek, to be after	9-1
土	tǔ	名	乙	dust	12-2
团圆	tuányuán	动	丁	to have a reunion	9-3
退休	tuìxiū	动	丙	to retire	8-3

词语 索引

W

外边	wàibian	名	甲	outside	5–1
外国	wàiguó	名	甲	foreign country	1–2
外行	wàiháng	形/名	丁	nonprofessional; layman	8–2
晚会	wǎnhuì	名	甲	evening party	9–3
万	wàn	数	甲	ten thousand	10–3
万事如意	wànshì rúyì			Wish you all the best!	9–3
万一	wànyī	连	丙	in case, if by any chance	5–1
网	wǎng	名	丙	network, Internet	3–2
网吧	wǎngbā	名		Internet bar, cybercafe	3–2
网络	wǎngluò	名		Internet	3–2
网友	wǎngyǒu	名		net friend	8–1
危险	wēixiǎn	形	甲	dangerous	9–2
位置	wèizhi	名	乙	position	2–2
味道	wèidao	名	乙	taste, flavor	10–2
闻	wén	动	乙	to smell	10–2
无论如何	wúlùn rúhé		丙	whatever, in any case	6–2
武术	wǔshù	名	乙	martial arts	6–2
雾	wù	名	乙	fog	5–1

X

下降	xiàjiàng	动	丙	to fall, to decline	6–1
夏天	xiàtiān	名	甲	summer	5–2
闲	xián	形	乙	spare or free (time), leisurely	8–3
香	xiāng	形	甲	fragrant, scented	4–3

215

香槟酒	xiāngbīnjiǔ	名		champagne	10–2
详细	xiángxì	形	乙	detailed, in detail	1–1
响	xiǎng	动	甲	to make a sound, to ring	1–2
小心	xiǎoxīn	动/形	乙	to be careful, to be cautious; careful	2–1
校园	xiàoyuán	名	丁	campus, schoolyard	3–2
笑话	xiàohua	动/名	乙	to laugh at; joke	11–2
写作	xiězuò	动	丙	to write, to compose	6–2
心想事成	xīn xiǎng shì chéng			May all your wishes come true!	9–3
心意	xīnyì	名	丙	kindly feelings	10–1
新郎	xīnláng	名	丁	bridegroom	10–1
新娘	xīnniáng	名	丁	bride	10–1
新闻	xīnwén	名	甲	news	3–2
新鲜	xīnxiān	形	乙	fresh	5–2
型	xíng	名	丁	type, pattern	12–3
醒目	xǐngmù	形		eye-catching	6–3
幸福	xìngfú	形/名	甲	happy; happiness	4–2
雪	xuě	名	甲	snow	5–3

Y

压岁钱	yāsuìqián	名		money given to children as a lunar New Year gift	9–1
烟	yān	名	丙	tobacco, cigarette	4–1
严重	yánzhòng	形	乙	serious	2–3
颜色	yánsè	名	甲	colour	6–3
眼镜	yǎnjìng	名	乙	spectacles, eyeglasses	11–1
养	yǎng	动	乙	to raise, to keep	8–2

摇滚乐	yáogǔnyuè	名		big beat, rock 'n' roll	1–2
要紧	yàojǐn	形	乙	vital, important, essential	4–3
要命	yàomìng	动	丁	extremely, awfully, terribly	5–3
一次性	yícìxìng	形		one-time	12–3
一块儿	yíkuàir	名/副	甲	together, in company with	9–2
一时半会儿	yì shí bàn huìr			short period of time	5–2
阴	yīn	形	甲	overcast, cloudy	5–1
影碟	yǐngdié	名		disk	3–1
硬盘	yìngpán	名		hard magnetic disk	3–1
邮件	yóujiàn	名		postal matter, post, mail	3–2
游戏	yóuxì	名	丙	game	3–1
有名	yǒumíng	形	甲	well-known, famous	5–3
有情人终成眷属	yǒu qíng rén zhōng chéng juànshǔ			Lovers will eventually get married	10–1
有时	yǒushí	副	乙	sometimes, at times	7–3
有时候	yǒu shíhou		甲	sometimes	1–3
有意思	yǒu yìsi		甲	interesting, fascinating	1–1
有用	yǒu yòng		乙	useful	6–2
鱼	yú	名	甲	fish	9–1
雨	yǔ	名	甲	rain	5–1
雨伞	yǔsǎn	名		umbrella	5–1
雨水	yǔshuǐ	名	丁	rainwater	12–1
预报	yùbào	动	丙	to forecast, to predict	5–1
遇到	yùdào	动	甲	to run into, to encounter, to meet	2–3
冤枉钱	yuānwangqián	名		money spent in vain, money wasted	11–3

217

Z

在乎	zàihu	动	丁	to care about, to mind	11–1
在意	zàiyì	动	丁	to mindp (often used in the negative)	11–2
脏	zāng	形	甲	dirty	11–2
糟糕	zāogāo	形	乙	too bad	12–2
掌握	zhǎngwò	动	丙	to grasp, to master, to know well	6–1
丈夫	zhàngfu	名	乙	husband	11–2
照顾	zhàogù	动	甲	to look after	8–1
照样	zhàoyàng	副	丙	as before, as usual	11–2
正常	zhèngcháng	形	乙	normal, usual	8–2
证明	zhèngmíng	动/名	乙	to prove, to testify; proof	2–1
症状	zhèngzhuàng	名	丙	symptom (of an illness)	2–2
之类	zhī lèi		丙	and so on	9–3
只	zhī	量	甲	a measure word for dogs, cats, etc.	8–2
植树	zhíshù	动		to plant trees	12–3
治理	zhìlǐ	动	丁	to harness, to tame, to bring under control	12–2
钟声	zhōng shēng			ding, toll	9–3
重视	zhòngshì	动	乙	to think much of, to regard highly	12–2
周末	zhōumò	名	丙	weekend	1–1
驻	zhù	动	丙	to be stationed, to be posted	2–1
专门	zhuānmén	副	乙	specially	7–1

词语 索引

装	zhuāng	动		to hold	12–3
装修	zhuāngxiū	动		to fit up (a house, etc.)	10–3
准	zhǔn	形	乙	sure	5–2
桌子	zhuōzi	名	甲	table, desk	10–2
资料	zīliào	名	乙	data, material	3–2
紫	zǐ	形	乙	purple	11–1
自从	zìcóng	介	乙	since, from	6–1
总是	zǒng shì			always	6–1
醉	zuì	动	乙	to be drunk	4–3
昨	zuó	名		yesterday, the past	2–3

专 名 Proper Nouns

	拼音	英译	课数
B			
贝贝	Bèibei	name of a cat	8–2
C			
春节	Chūn Jié	Spring Festivalp (Chinese New Year)	9–3
H			
哈尔滨	Hā'ěrbīn	Harbin, the capital of Heilongjiang Province in Northeast China	5–3
海南	Hǎinán	Hainan, a province in China	9–2
韩国人	Hánguórén	Korean	1–3
L			
联想	Liánxiǎng	a brand of laptop	3–1
M			
麦当劳	Màidāngláo	McDonald's	8–1
O			
欧文	Ōuwén	Oven, name of a person	5–2

R

日本人	Rìběnrén	Japanese	1–3

S

三里屯	Sānlǐtún (r)	name of an area of the Chaoyang District, Beijing, containing many popular bars, streets and stores intended for foreigners	1–1

W

五道口	Wǔdàokǒu	name of a neighborhood in the Haidian District of northwest Beijing	2–2

X

西安	Xī'ān	the capital city of Shaanxi Province, known as one of the oldest cities in Chinese history	2–1
新天地	Xīntiāndì	name of a bar	2–2

部分练习参考答案
Answer Key to Some of the Exercises

第一课

一、根据课文回答问题,然后连成一段话

(一) 1. 保拉以前知道三里屯吗?她去过吗?　　她在英国的时候听说过,但她没有去过。

2. 比尔觉得三里屯怎么样?他去了几次了?　　比尔觉得有意思极了,他去了三次了。

3. 三里屯离学校远不远?　　不太远,坐出租车半个多小时就能到。

4. 他们要一起去,打算几点见面?　　他们打算今天晚上8点半见面。

保拉在英国的时候听说过三里屯,但是她还没有去过。比尔觉得三里屯有意思极了,他去了三次了。三里屯离学校不太远,坐出租车半个多小时就能到,他们打算今天晚上8点半见面,一起去。

(二) 1. 来到三里屯以后,保拉觉得怎么样?　　保拉觉得这地方很不错。

2. 保拉上个周末干什么了?　　她上个周末在宿舍里待着。

3. 三里屯酒吧的摇滚乐怎么样?　　很好听。

来到三里屯以后,保拉觉得这个地方很不错,保拉上个周末在宿舍里待着,很没意思。三里屯酒吧的摇滚乐很好听。

(三) 1. 比尔觉得三里屯怎么样?　　比尔觉得三里屯很热闹,就是外国人太多了。

2. 老师去过三里屯的酒吧吗?　　老师去过那里。

3. 老师去年曾经在三里屯干什么？　　跟他的学生们一起喝酒。
4. 下个周末他们决定去三里屯了吗？　他们决定下周末一起去。

比尔觉得三里屯很热闹，就是外国人太多了。老师也去过三里屯的酒吧，去年他跟他的学生们一起在那儿喝过酒。比尔和老师决定下周末一起再去三里屯。

二、根据课文内容填空

这周末怎么过呢？比尔和保拉决定去(三里屯酒吧)。比尔已经去了三(次)了，觉得有意思(极)了。三里屯离他们的学校不太远，(坐)出租车半个多小时(就)能到。他们晚上8点半在东门(碰头/见面)。

在三里屯的酒吧里，他们先要了两(瓶)啤酒，后来(又)要了两(瓶)。保拉觉得这地方很不错，她上周末一个人在宿舍，觉得很(没意思/无聊)。后来，比尔去(跳舞)了。

下课的时候，老师问比尔上周末(怎么过的)。比尔说和朋友(一起)去三里屯酒吧了。老师原来也很喜欢去酒吧，(上学)的时候常常去，但是(毕业)以后就没有那么多时间了。老师说，去年他(曾经)和他们班的学生在三里屯喝酒。他们说下周末一起去那儿，到时候，比尔(给)老师打电话。

三、按照要求完成下面的任务

(一) 把下面的词语连成句子

1. 衣服 商店 极了 便宜 的 周末 时候 的
   周末的时候，商店的衣服便宜极了。
2. 已经 南方 了 去 三次 了 我
   南方我已经去了三次了。
3. 怎么 我 他 喜欢 不 这样 知道 地方 的
   我怎么知道他不喜欢这样的地方？/他怎么知道我不喜欢这样的地方？
4. 南方 好 的 中国 很 气候 下雨 就是 太 多 了
   中国的南方气候很好，就是下雨太多了。

223

5. 朋友 已经 美国 在 我 的 了 三年 了 住
   我的朋友已经在美国住了三年了。

6. 酒吧 知道 去 我 了 他 怎么 呢
   他怎么知道我去了酒吧呢？/我怎么知道他去了酒吧呢？

7. 植物园 北京 好玩儿 就是 好玩儿 是 太 人 多
   北京植物园好玩儿是好玩儿，就是人太多了。

8. 漂亮 雨后 香山 极了 的
   雨后的香山漂亮极了。

(二) 根据上下文完成对话

1. A：那个地方有意思极了，我已经去了三次了。
   B：让你这么一说，我还真想去看看。

2. A：你上个周末怎么过的？
   B：在家里待着，哪儿也没去。

3. A：三里屯离我们这儿远不远？
   B：不太远，坐公共汽车 20分钟就能到 。

4. A：这么有意思的地方，为什么不早告诉我？
   B：我怎么知道你喜欢这种地方呢？

5. A：你觉得这件怎么样？
   B：颜色和样子都可以，就是 太大了 。

6. A：昨天晚上你们去什么地方了？
   B：三里屯酒吧 。

四、用本课的"口语基本句"完成对话

1. A：这个周末怎么过 ？
   B：还没决定呢。你呢？

2. （在酒吧里）
   A：请问您二位要什么？
   B：先来两杯啤酒 。

3. A：上周末怎么过的？
   B：太没意思了，哪儿也没去。
4. A：下周日一起去游泳怎么样？
   B：好啊，到时候给我打电话吧。
5. A：几点见面？
   B：8点整怎么样？
6. A：听说，上次喝酒比赛你赢了。没想到你这么能喝酒！
   B：别拿我开玩笑了。
7. A：别光说话，干一杯！
   B：来，干杯！

五、用本课的"口语格式"完成对话

1. A：你们书店还有这本书吗？
   B：这本书还多的是呢。
2. A：别光坐着，快吃菜。
   B：好，这菜真好吃！
3. A：你应该昨天来，今天我们要开会。
   B：我怎么知道你昨天有空啊。/我怎么知道你们今天要开会啊。
4. A：苏州的园林真漂亮啊！
   B：让你这么一说，我真想去看一看。
5. A：汉字很难吗？
   B：是啊，可难了！

第二课

一、根据课文回答问题，然后连成一段话

（一）1. 比尔去西安旅行时发生了什么事情？　他不小心把护照丢了。
　　　2. 比尔是怎么买上机票的？　他有学生证，去当地公安局开了一个证明。

3. 在哪儿补办护照和签证？　　　补办护照要去驻华使馆或领馆，补办签证要去公安局出入境管理处。

比尔去西安旅行时不小心把护照丢了，好在他有学生证，去当地公安局开了一个证明，才买上机票。补办护照要去驻华使馆或领馆，补办签证要去公安局出入境管理处。

(二) 1. 比尔的朋友怎么了？　　　他的朋友病得很厉害，肚子疼，趴在地上站不起来，不停地流汗。
　　 2. 他们在什么位置？　　　他们在五道口电影院旁边的新天地酒吧里。
　　 3. 比尔打了什么电话？　　　他打了急救中心电话120。

比尔的朋友病得很厉害，肚子疼，趴在地上站不起来，不停地流汗。他们在五道口电影院旁边的新天地酒吧里。比尔打了急救中心电话120。

(三) 1. 马丁昨晚给比尔打电话为什么没人接？　　　因为比尔的朋友生病了。
　　 2. 马丁知道什么紧急电话？　　　马丁只知道110。
　　 3. 比尔为什么说不用把那些号码都记下来？　　　因为现在紧急电话都联网了，打一个就可以。

马丁昨晚给比尔打电话没人接，原来比尔的朋友生病了。马丁只知道紧急电话是110，比尔告诉他这样的电话还有很多，不过比尔说不用把那些号码都记下来，因为现在紧急电话都联网了，打一个就可以。

二、根据课文内容填空

比尔是昨天下午(从)西安回来(的)。他去西安旅行的时候不小心(把)护照丢了。不过(好在)他有学生证，去当地公安局(开)了证明，才买上机票。昨天下午他已经(去)了公安局，准备(补办)护照。

昨晚比尔和朋友去五道口(电影院)旁边的(酒吧)喝酒，结果一个朋友(生病)了。比尔打了(急救中心)电话120。马丁只知道110，他想把这样的号码都记下来，比尔说(用不着记了)，因为紧急电话都已经(联网)了，打其中的一个电话就行，所以只记住110就可以了。

三、按照要求完成下面的任务

（一）把下面的词语和结构连成句子

1. 妈妈 哭 孩子 把 了 气
   孩子把妈妈气哭了。

2. 如果……的话 护照 连……都…… 没有 机票 买不上 大概
   如果没有护照的话，大概连机票都买不上。

3. E-mail 写 这 给 朋友 周末 想 我
   我想这周末给朋友写 E-mail.

4. 来着 你 干什么 前天 晚上
   前天晚上你干什么来着？

5. 来着 老师 不知道 什么 走 刚才 在 还 这儿 的 时候
   刚才老师还在这儿来着，不知道什么时候走的？

6. 已经 这些 电话 紧急 都 现在 了 联网
   现在这些紧急电话都已经联网了。

（二）根据上下文完成对话

1. A：昨晚你干什么来着？宿舍一直没人。
   B：<u>我送朋友去医院了</u>。

2. A：我的护照丢了，怎么办啊？
   B：<u>先到公安局或者派出所挂失，然后去驻华使馆或领馆补办</u>。

3. 医院：这是急救电话，有什么事吗？
   A：<u>我生病了，不能动了</u>。

4. 医院：请问你们在什么位置？
   A：<u>我们在北京大学南门</u>。

5. A：你们上次在哪儿喝的酒？
   B：<u>在三里屯附近的酒吧</u>。

6. A：120是什么电话啊？
   B：<u>是急救中心的电话</u>。

7. A：你的护照丢了，那你是怎么买上票的？

   B：好在 <u>我有学生证，到公安局开了个证明</u> 。

四、用本课的"口语基本句"完成对话

1. A：<u>怎么了，出什么事了</u> ？

   B：别提了，把护照丢了。

2. A：<u>什么时候回来的</u> ？

   B：很晚了，10点多了。

3. A：真倒霉， <u>我把护照丢了</u> 。

   B：快去补办一个新的吧。

4. A：<u>昨晚干什么来着</u> ？很多人找你都找不着。

   B：我就在宿舍啊，可能睡着了吧。

五、用本课的"口语格式"完成句子

1. A：昨晚下那么大的雨，你是怎么回来的？

   B：好在 <u>我朋友开了车，他送我回来的</u> 。

2. 如果大学不毕业，大概 <u>连工作都找不到</u> 。

3. 你干什么来着 ？怎么连考试都不参加？

4. A：这么说， <u>你已经得到美国签证了</u> ？

   B：是啊。

5. A：这么说， <u>我就不用出去了</u> ？

   B：对，你在房间等我电话吧。

第三课

一、词语练习

(三) 选词填空

可以　能　应该　想　要　会

1. 我明天上午有课，不 <u>能</u> 去补办护照。

2. 现在很晚了，你 <u>应该</u> 去睡觉。

3. A：我们去吃饭吧。
   B：我不饿，不 <u>想</u> 去吃饭。
4. A：请问，这儿 <u>可以</u> 换钱吗?
   B：对不起，换钱 <u>要</u> 去那边。
5. A：他今天 <u>会</u> 来吗?
   B：没问题，会来的。
6. A：你 <u>想</u> 不 <u>想</u> 去网吧?
   B：想，我们现在就去吧。
7. A：明天几点上课?
   B：你 <u>应该</u> 知道的，老师告诉你了。

二、根据课文回答问题，然后连成一段话

(一) 1. 比尔买了什么?　　　　　　比尔买了一台笔记本电脑。
    2. 他是怎么跟张林说的?　　　他跟张林说他买了一个笔记本。
    3. 张林明白了吗? 为什么?　　张林没明白，他以为是本子。
    4. 比尔的笔记本怎么样? 张　比尔的笔记本很好，张林觉得可以用它
       林觉得可以用它做什么?　　打游戏、看影碟。
    5. 比尔想用笔记本做什么?　　比尔想用它做笔记。

比尔买了一台笔记本电脑，他跟张林说他买了一个笔记本，张林一开始没明白，以为比尔买的是本子。比尔的笔记本很好，张林觉得可以用它打游戏、看影蝶，比尔想用它做笔记。

(二) 1. 比尔要去哪儿? 做什么?　　　比尔要去网吧上网。
    2. 他为什么不在宿舍上网?　　　因为这两天校园网上不去。
    3. 他为什么不能过几天再上网?　因为他每天要收、发好几封 email。
    4. 张林上网喜欢做什么?　　　　张林喜欢在网上玩儿游戏、听音
       　　　　　　　　　　　　　　乐、看电影什么的。

比尔要去网吧上网，因为这两天校园网上不去，所以他不能在宿舍上网，他每天要收、发好几封 email。张林说他喜欢在网上玩儿游戏、听音乐、看电影什么的。

(三) 1. 在网吧上网一小时多少钱？　　　五块。
　　 2. 网吧几点关门？　　　　　　　　晚上12点。
　　 3. 比尔想用网吧的电脑做什么？　　玩儿游戏。
　　 4. 他用的电脑怎么了？怎么办？　　他用的电脑老死机，网吧的老板给他换了一台。

在网吧上网一小时五块钱，晚上12点关门。比尔想用网吧的电脑玩儿游戏，但是他用的电脑老死机，最后网吧的老板给他换了一台。

三、变换句式

1. 你明天去长城吗？　　→　　你明天去不去长城？
2. 小李在学校吗？　　　→　　小李在不在学校？
3. 这个菜好吃吗？　　　→　　这个菜好吃不好吃？
4. 马丁想去网吧吗？　　→　　马丁想不想去网吧？
5. 你下午能来吗？　　　→　　你下午能不能来？
6. 我们现在吃饭吗？　　→　　我们现在吃不吃饭？
7. 他是老师吗？　　　　→　　他是不是老师？

四、用本课的"口语基本句"完成对话

1. A：我买了一台电脑。
   B：<u>是什么牌子的</u>？
   A：IBM。

2. A：<u>你去哪儿</u>？
   B：出去走走。你呢？
   A：去网吧上网。

3. A：听说周末你去了上海，怎么样？
   B：<u>别提了</u>！那两天天天下雨！

4. A：我们篮球比赛得了第一名。
   B：<u>真不错</u>！祝贺你们啊！

5. A：商店周末<u>几点关门</u>？
   B：晚上10点。

部分练习参考答案

五、用本课的"口语格式"完成对话

1. A：他病了，在宿舍里睡觉。
   B：<u>为什么不去医院看病</u>？

2. A：我来拿书了。
   B：<u>我还以为你已经拿走了呢</u>。

3. A：小王怎么没来？
   B：<u>别是忘了吧</u>！

第四课

一、词语练习

（一）给下面的动词加上宾语

1. 看望<u>　老师　</u>　2. 约<u>　朋友　</u>　3. 商量<u>　事情　</u>　4. 搬<u>　家　</u>

（二）说出下面句子中"好"的意思

1. 这台电脑不好用，那台好用。/ 方便
2. 汉语好学不好学？/ 容易
3. 这座山好高啊！/ 很，非常
4. 这篇课文好难学！/ 很，非常
5. 这首歌好听不好听？/ 感觉上舒服

二、根据课文回答问题，然后连成一段话

1. 苏珊和保拉教师节想做什么？　　她们想去看望李老师。
2. 她们为什么觉得送烟送酒不合适？　因为她们觉得送烟送酒太俗气了。
3. 她们觉得送花怎么样？　　　　　　很好，显得有品位。
4. 她们是怎么去李老师家的？　　　　她们是打车去的。
5. 李老师是怎么招待她们的？　　　　李老师请她们在家吃饭。
6. 李老师的家怎么样？　　　　　　　李老师的家很漂亮，房子是去年新买的。
7. 她们吃饭的时候用的是什么？　　　她们用的是筷子，她们来中国后已经

231

她们习惯吗？　　　　　　　　　　习惯用筷子了。

8. 她们喝了什么？吃了什么？　　　她们喝了饮料，吃了烤鸭。

9. 李老师让她们多玩儿一会儿，　　因为她们觉得李老师为了她们忙了一个
   为什么她们要回去？　　　　　　上午，应该休息了，而且她们明天还有课。

　　苏珊和保拉教师节想去看望李老师，她们觉得送烟送酒太俗气了，最后她们决定送花，因为送花显得有品位。她们是打车去李老师家的，李老师请她们在家吃饭。李老师的家很漂亮，房子是去年新买的。吃饭的时候她们用的是筷子，她们来中国后已经习惯用筷子了。她们喝了饮料，吃了烤鸭。临走的时候李老师让她们多玩儿一会儿，但是她们觉得李老师为了她们忙了一个上午，应该休息了，而且她们明天还有课。

三、按照要求完成下面的任务

（一）根据给出的原因，用"再说"完成对话

1. A：你昨天怎么没来上课？
   B：<u>昨天下雨了，再说我又生病了</u>　。　（原因：下雨了　我生病了）

2. A：你今天怎么吃这么多？
   B：<u>你做的饭这么好吃，再说我也饿了</u>　。　（原因：饭好吃　我饿了）

3. A：大家怎么那么喜欢他？
   B：<u>他很聪明，再说他又很会说话</u>　。　（原因：他很聪明　他很会说话）

4. A：你为什么又迟到了？
   B：<u>我起床起晚了，再说路上又堵车</u>　。

　　　　　　　　　　　　　　　　　（原因：起床起晚了　路上堵车）

（二）用"是……还是……"句型对下面的两种情况进行提问

1. 明天去上海　明天去杭州　　　→　你明天去上海还是去杭州？
2. 明天晴天　明天阴天　　　　　→　明天是晴天还是阴天？
3. 他同意我的意见　他不同意我的意见
   → 他同意我的意见还是不同意我的意见？

4. 是小王打的电话　是小李打的电话

　→ 是小王打的电话还是小李打的电话？

5. 这本书是我的　这本书是你的

　→ 这本书是我的还是你的？

(三) 问问你的同学下面这些活动进行了多长时间

1. 学汉语　　　　　你学汉语学了多长时间？
2. 游泳　　　　　　你游泳游了多长时间？
3. 上网　　　　　　你上网上了多长时间？
4. 玩儿游戏　　　　你玩儿游戏玩儿了多长时间？
5. 下雨　　　　　　下雨下了多长时间？
6. 老师教我们　　　老师教我们教了多长时间？
7. 考试　　　　　　你考试考了多长时间？
8. 预习课文　　　　你预习课文预习了多长时间？
9. 看电视　　　　　你看电视看了多长时间？
10. 等我　　　　　　你等我等了多长时间？

四、用本课的"口语基本句"完成对话

1. A：这次考试考得怎么样？

　B：还可以，<u>得了80分</u>。

2. A：你看，都快12点了，吃了饭再走吧。

　B：<u>不了，我下午还有事</u>。

　A：既然这样，那就不留你吃饭了，路上小心。

　B：<u>请留步</u>。

3. A：<u>路上堵吗</u>？

　B：还好，只有人民大学附近比较堵。

4. A：<u>时间不早了</u>，我们走了。

　B：那好，<u>有时间再来玩儿</u>。

五、用本课的"口语格式"完成对话

1. A：有人在家吗？我是来修电话的。
   B：来了，来了。

2. A：你昨天去看电影了，好看不好看？
   B：没什么好看的，我都快睡着了。

3. A：你为什么不吃肉？
   B：我怕长胖。

4. A：你什么时候来中国的？
   B：我刚来不久，一个多月吧。

第五课

一、词语练习

（一）给下面的动词加上宾语

1. 爬 山
2. 刮 风
3. 下 雨/雪
4. 滑 冰/雪
5. 拍 照片
6. 避 雨/风
7. 冒 汗/烟/雨
8. 带 雨伞/书

（二）给下面的词语补全，表示一种天气现象

1. 阴 天
2. 晴 天
3. 多 云
4. 下 雨
5. 下 雪

（三）用"都"和"才"填空

1. 都 4点半了，还不下课。
2. 急什么，现在 才 6点半，离上课还有一个半小时呢。
3. 你 都 已经大学毕业了，怎么做事还像个小孩子？
4. 都 10点了，早点儿睡吧，明天还要早起呢。
5. 颐和园我 都 去了五次了，不想再去了。
6. 他都20岁了，才 这么高。
7. 我 都 说了三遍了，你还没听懂。

8. 这孩子 __才__ 半岁多就能说话了。

9. 他一个月 __才__ 花1000块钱,我不到一个月 __都__ 花了2000块钱了。

二、根据课文回答问题,然后连成一段话

(一) 1. 马丁和比尔原来计划今天去爬山吗?　　是的,他们计划今天去爬山。

2. 昨天和今天的天气怎么样?　　今天天气不太好,阴得厉害,可能要下雨,不过比昨天暖和一点儿。

3. 今天爬山需要带上什么?　　雨伞。

马丁和比尔计划今天去爬山,今天天气不太好,阴得厉害,可能要下雨,不过比昨天暖和一点儿。今天爬山要带上雨伞。

(二) 1. 夏天天气有什么特点?　　夏天天气变得很快,雨说下就下。

2. 最近天气怎么样?　　最近下雨很少,天气又热又干。

3. 下雨后的感觉怎么样?　　气温降下来了,空气也新鲜了。

夏天天气变得很快,雨说下就下,最近下雨很少,天气又热又干。下雨后气温降下来了,空气也新鲜了。

(三) 1. 王红老家冬天的天气怎么样?　　王红老家冬天常常下雪,天气非常冷,最低气温能到零下二三十度。

2. 冬天去王红老家可以做什么?　　可以滑冰、滑雪、看冰雕。

3. 苏珊什么时候去王红家玩儿?　　这个寒假。

王红老家冬天常常下雪,天气非常冷,最低气温能到零下二三十度。冬天去王红老家可以滑冰、滑雪、看冰雕,苏珊打算这个寒假去王红老家玩儿。

三、按照要求完成下面的任务

(一) 用"再"造句

1. 你已经两天没来上课了, __你再不来就听不懂了__ 。

2. 已经一个多月没下雨了, __再不下雨就干死了__ 。

235

3. 你已经买了三件衣服了，我只带了600块钱，<u>再买钱就花光了</u>。
4. 我已经等了他半个小时了，<u>他再不来，我就走了</u>。
5. 这个电影真好，我已经看了两遍了，<u>让我再看两遍都行</u>。
6. 她已经发烧快三天了，<u>再这样下去就要住院了</u>。

(二) 给下面的动词或形容词加上程度补语

1. 天气热得 <u>厉害/要命</u>。
2. 他气得 <u>不得了</u>。
3. 他冻得 <u>快死了</u>。
4. 他爬山累得 <u>不行了</u>。
5. 他饿得 <u>走不动路了</u>。
6. 他疼得 <u>直冒汗</u>。
7. 他感动得 <u>哭了</u>。
8. 他困得 <u>睁不开眼了</u>。

四、用本课的"口语基本句"完成对话

1. A：今天我请你吃饭，下午5点门口见。
   B：<u>那说好了</u>。
2. A：这风什么时候能停啊？
   B：<u>谁也说不准</u>。
3. A：<u>天气预报怎么说</u>？
   B：明天阴有小雨。
4. A：你不是说今天去西单吗？怎么还不走啊？
   B：<u>我把这事给忘了</u>。
5. A：明天我请你吃饭。
   B：<u>那好啊</u>。

五、用本课的"口语格式"完成对话

1. A：听说他病了，现在好点儿了吗？
   B：他都病了三天了，现在还不能吃东西。

2. A：他和女朋友分手了，真的吗？

   B：你胡说什么啊，他们俩<u>好着呢</u>。（胡说）

3. A：我们现在去打乒乓球吧。

   B：好啊，<u>说走就走</u>，马上出发。

第六课

一、选词填空

了解　　理想　　掌握　　安排　　让步　　干涉

1. 你们中间要是有一方愿意<u>让步</u>，这件事就好解决了。
2. 你知道明天的活动是怎么<u>安排</u>的吗？
3. 要想在短时间内<u>掌握</u>一种语言，是很不容易的。
4. 我们还要进一步<u>了解</u>事实的真相。
5. 我认为父母不要过多地<u>干涉</u>子女的生活。
6. 他的工作也还可以吧，但不是太<u>理想</u>。

二、根据课文回答问题，然后连成一段话

（一）
1. 保拉为什么最近总是不高兴？　　保拉觉得男朋友对她不是很好。
2. 苏珊认为保拉与男朋友的关系怎么样？　　苏珊认为他们天天在一起，关系挺好的。
3. 保拉的烦心事有哪些？　　保拉觉得男朋友不喜欢她跟别人交往，她的朋友越来越少了，而且她的学习成绩也不理想了，等等。

保拉最近总是不高兴，因为她觉得男朋友对她不是很好。苏珊认为他们天天在一起，关系挺好的，但保拉觉得男朋友不喜欢她跟别人交往，她的朋友越来越少了，而且她的学习成绩也不理想了，等等。这些都是保拉的烦心事。

(二) 1. 比尔考试为什么得了90分？　　　　因为他参加了一个辅导班。
　　 2. 马丁已经上了哪些辅导班？　　　　马丁上了口语、写作和武术班。
　　 3. 关于马丁的时间安排，比尔怎么看？　比尔觉得马丁安排得太紧了，
　　　　　　　　　　　　　　　　　　　　无论如何每星期也要休息一天。

比尔考试得了90分，因为他参加了一个辅导班，马丁也想上这个辅导班，不过他已经上了口语、写作和武术班了，比尔觉得马丁的时间安排得太紧了，无论如何每星期也要休息一天。

(三) 1. 王红为什么染头发了？　　　　　　因为她要参加一个篮球拉拉队。
　　 2. 张林怎么看王红染头发这件事？　　张林不喜欢王红染头发。
　　 3. 张林要王红怎么样？王红同意吗？　张林要王红明天把头发染回
　　　　　　　　　　　　　　　　　　　　来。王红不同意。

因为王红要参加一个篮球拉拉队，所以她把头发染了。张林不喜欢王红染头发，他让王红明天把头发染回来，但是王红不同意。

三、按照要求完成下面的任务

(一) 用"白+V"改写句子

1. 我去办公室了，但什么事都没办成。

   → 我白去办公室了，什么事都没办成。

2. 上星期我学了二十个生词，但现在都忘了。

   → 我白学了二十个生词，现在都忘了。

3. 在电影院里，我睡着了，电影的内容我什么都没看到。

   → 我白看了一场电影，因为睡着了，什么都没看到。

(二) 用"无论如何"改写句子

1. 不管发生什么事，你都要准时到。

   → 你无论如何都要准时到。

2. 你一定要在今天给我一个答复。

   → 你今天无论如何要给我一个答复。

3. 我们不管怎么样都要在这个月内写完这篇文章。
→ 我们无论如何要在这个月内写完这篇文章。

(三) 把下面的词语连成句子

1. 不行 下 外语 工夫 不 学
   学外语不下工夫不行。

2. 任何 不行 信心 没有 做 事
   做任何事没有信心不行。

3. 难道 吗 你 想 这么 的 是 真
   你难道真是这么想的吗?

4. 一点儿 吗 也 你 难道 不怕
   你难道一点儿也不怕吗?

5. 回来 吧 请 你 信 取 帮 我 把
   请你帮我把信取回来吧。

6. 了 从 他 回来 走 地铁站
   他从地铁站走回来了。

四、用本课的"口语基本句"完成对话

1. A: 唉,我现在觉得学不好汉语了。
   B: <u>不会吧</u>?我觉得你进步挺快的。

2. A: 你看起来不太高兴。
   B: 是的,<u>我现在很烦</u>。

3. A: 你有时间做这些事情吗?
   B: <u>时间是挤出来的</u>。

4. A: 你这张照片太漂亮了!
   B: <u>漂亮什么啊</u>?看起来傻乎乎的。

5. A: 我们不如骑车去吧。
   B: <u>天啊</u>!这么远,那还不累死?

五、用本课的"口语格式"完成对话

1. A：他也有错，我为什么一定要先给他道歉呢？
   B：这样的话，我也帮不了你们了。

2. A：我一个人在国外，没有什么朋友，学习又很累，有时候真想回国。
   B：你无论如何也要坚持下去。（坚持下去）

3. A：电影都已经开始了，他怎么还不来？票在他那里啊。
   B：看来今天的电影是看不了了。

4. A：你不是对运动不感兴趣吗？怎么开始跑步了？
   B：我太胖了，正在减胖呢。

综合练习题（一）

第一部分 书面题

一、选择合适的词语填空

1. A 2. D 3. C 4. A 5. B

二、选词填空

1. 当地 2. 交往 3. 详细 4. 总是
5. 遇到 6. 要紧 7. 毕业 8. 放松

三、选择合适的句子填空

1. 我现在很烦 2. 时间是挤出来的 3. 几点见面
4. 我把这事给忘了 5. 那说好了 6. 别提了
7. 路上堵吗 8. 这鬼天气 9. 有时间再来玩儿
10. 到时候给我打电话吧

四、用指定格式完成句子

1. 你是英国人呀，我还以为你是美国人呢。（我还以为……）
2. 我们说走就走，你马上准备一下。（说……就……）

3. 他很高兴，__看来考试考得很好__。（看来……）
4. 我为什么要听你的？__难道你说的总是对的__？（难道）
5. __是去广州还是去深圳__，赶快做决定吧。（是……还是……）

五、用指定格式改写句子

1. 我很生气，他连我的生日都不记得了。
2. 这台电脑什么都好，就是有点儿贵。
3. 这里好安静啊，一点儿声音也没有。
4. 现在都晚上11点了，你该睡觉了。
5. 房间太乱了，我今天不收拾不行了。
6. 现在这本书还多的是。
7. 这部电影好看什么呀！
8. 那个岛上热得要命。
9. 无论如何我都要做完今天的工作。
10. 他对我们可客气了。

六、用指定格式完成对话

1. A：你的这些想法很天真，根本实现不了。
   B：让你这么一说，__我都不想做了__。（让你这么一说，……）
2. A：星期天你怎么没去参加林娜的生日聚会？
   B：__我怎么知道星期天是林娜的生日__？（我怎么知道……）
3. A：听说你考试那天忘了带笔。
   B：是啊，__好在我同学带了很多笔__。（好在……）
4. A：你怎么到现在才打电话？
   B：__别提了，我遇到了一些麻烦__。（别提了，……）
5. A：怎么最近没看见他们在一起？
   B：__别是分手了吧__。（别是……了吧）
6. A：这本书你很早就买了吗？
   B：没有，__刚买不久，上周在北京大学书店买的__。（刚……不久）

241

第七课

一、根据课文回答问题,然后连成一段话

(一) 1. 保拉最近瘦了吗?为什么? 是的,保拉最近瘦了,因为她在喝减肥茶。
2. 保拉为什么不早告诉苏珊? 因为保拉怕苏珊不相信减肥茶。
3. 保拉今天到超市干什么? 专门买减肥茶。
4. 苏珊决定买减肥茶了吗? 是的,苏珊决定买几盒试试。

保拉最近瘦了,因为她在喝减肥茶。因为怕苏珊不相信减肥茶,所以她没有告诉苏珊。今天保拉到超市专门买减肥茶,苏珊也决定买几盒试试。

(二) 1. 比尔为什么请马丁去健身房? 因为比尔办了一张健身卡,快到期了。
2. 比尔觉得健身怎么样? 比尔觉得健身是一种时尚。
3. 比尔相信减肥茶吗?为什么? 比尔不相信减肥茶,因为他觉得减肥茶对身体没什么好处。
4. 马丁觉得运动怎么样? 马丁觉得运动好是好,就是太累了。

比尔办了一张健身卡,快到期了,所以他请马丁一起去健身房。比尔觉得健身是一种时尚,比尔不相信减肥茶,因为他觉得减肥茶对身体没什么好处。马丁觉得运动好是好,就是太累了。

(三) 1. 王红去操场干什么? 王红去操场运动/跑步。
2. 比尔常常去操场吗? 是的,比尔每周一、三、五都去。
3. 比尔为什么跑步? 为了健身。
4. 比尔和王红约好下周末干什么? 他们约好下周末去打乒乓球。

王红去操场跑步,遇上了比尔,比尔常常去操场,每周一、三、五都去,比尔跑步是为了健身。王红和比尔约好下周末去打乒乓球。

二、根据课文内容填空

保拉最近(变)瘦了。苏珊一直在(跑步),可是还没保拉瘦。保拉告诉苏珊她正

在(喝)减肥茶,她已经喝了(一个月)了,今天是(专门)来买减肥茶的。苏珊也想买一些(试试)。保拉告诉苏珊她一直喝这个(牌子)的。

比尔明天想去(健身房),因为他的健身卡快(到期)了。比尔说现在健身是一种(时尚),不健身的话,很容易(长胖)。马丁说喝减肥茶也挺(管用)的,可是比尔觉得减肥茶(对)身体没什么好处。马丁说运动好(是)好,(就是)太累了。

比尔在操场上(遇见/碰见)了王红。王红说她只是(周末)的时候才来跑步。比尔说他是这儿的(常客),每周一、三、五(都)来。他还说跑步倒不是为了减肥,(而是)为了健身。比尔(除了)跑步以外,有时(也/还)去健身房,打打篮球、乒乓球什么的。下周末,王红打电话(约)比尔一起去打乒乓球。

三、按照要求完成下面的任务

(一) 把下面的词语连成句子

1. 一直 喜欢 不 我 他
   我一直不喜欢他。/他一直不喜欢我。

2. 中国 为了 了解 的 中国 文化 来 是 他
   他来中国是为了了解中国的文化。

3. 周末 时候 的 我 打电话 常常 给 家里
   周末的时候我常常给家里打电话。

4. 以后 我 一直 毕业 大学 见到 没有 他
   大学毕业以后我一直没有见到他。

5. 瘦 他 最近 变 很多 了
   他最近变瘦了很多。

(二) 根据上下文完成对话

1. A:你有好方法,干吗不早告诉我啊?
   B:我怎么知道你相信这个啊 ?

2. A:你觉得广告上说的那个减肥茶管用吗?
   B:我觉得挺管用的,你可以试试 。

243

3. A：你常来这儿跑步吗？
   B：我是这儿的常客。

4. A：你喜欢运动吗？
   B：很喜欢，运动完了很舒服。

5. A：你明天有时间吗？
   B：有时间，有什么事吗？

6. A：你最近怎么又瘦了很多？
   B：我最近在健身／喝减肥茶。

7. A：除了跑步以外，你还做别的运动吗？
   B：我还喜欢打网球、游泳。

四、用本课的"口语基本句"完成对话

1. A：干吗不早告诉我啊？
   B：我怎么知道你也想去啊！

2. A：我的字怎么总也写不好？
   B：告诉你一个好方法吧。

3. A：明天有事吗？
   B：明天？好像没事。

4. A：时候不早了，我该走了。
   B：你注意安全啊！

5. A：先吃饭，再喝酒，就不容易醉了。
   B：管用吗？

6. A：大家都准备好了吗？
   B：准备好了，我们开始吧。

五、用本课的"口语格式"完成对话

1. A：他每天都学习到很晚。
   B：怪不得最近进步这么快呢。

2. A：听说他汉语学得特别快。

   B：是啊，<u>他才来中国三个月，就能当翻译了</u>。（三个月，翻译）

3. A：他做的饭非常好吃。

   B：<u>看不出来他还会做菜</u>。

第八课

一、根据课文回答问题，然后连成一段话

（一）1. 苏珊的网友什么样子？　　她的网友穿一件红色毛衣，抱着一个大纸盒子。

2. 苏珊为什么来晚了？　　因为路上堵车。

3. 苏珊为什么要和网友见面？　　网友要送她一只小猫。

苏珊的网友穿一件红色毛衣，抱着一个大纸盒子，苏珊因为路上堵车，所以来晚了，她和网友见面是因为网友要送她一只小猫。

（二）1. 王红想不想养宠物？　　王红也想养一只宠物。

2. 苏珊为什么说养宠物有时候比较麻烦？　　因为要带它去医院，买吃的、用的，给它洗澡，陪它玩儿，等等。

3. 王红决定养宠物了吗？　　没有决定，她还要再认真考虑一下。

王红也想养一只宠物，不过苏珊说养宠物有时候比较麻烦，因为要带它去医院，买吃的、用的，给它洗澡，陪它玩儿，等等。王红听了之后要再认真考虑一下要不要养宠物了。

（三）1. 保拉跟老人在谈论什么？　　他们在谈论老人的狗。

2. 老人的狗是从哪儿来的？　　是他的孩子给他买的。

3. 保拉觉得养宠物怎么样？　　她觉得挺麻烦的。

4. 老人说养宠物一定要有什么？　　耐心。

保拉跟老人在谈论老人的狗，老人的狗是他孩子给他买的。保拉觉得养宠物挺麻烦的，老人说养宠物一定要有耐心。

汉语口语基本句(准中级)·下册

二、根据课文内容填空

一天，苏珊去见(网友)，因为路上(堵车)，苏珊去晚了。苏珊的网友(穿)着一件红色的毛衣，(抱)着一个大纸盒子。苏珊想请她吃饭，但她说她还有(别的)事情，一个朋友正在等她。最后，她们说以后(常)联系。

上个星期王红来看苏珊，看到苏珊养了一只猫，王红觉得很奇怪，不过她说她也想(养)一只宠物。苏珊告诉王红养宠物有时候(挺)麻烦的。(比如说)如果宠物病了，得去宠物医院(给)它看病。除了去医院，(还要)买猫粮和猫砂等。所以，如果没有耐心(的话)，就不要养宠物了。

保拉散步的时候遇到一位老人，老人养了一(只)宠物狗，老人觉得他的狗可爱是可爱，(就是)有点儿肥。他说他的孩子担心他(退休)后会寂寞，所以就(给)他买了宠物狗。保拉的男朋友也要(给)她买一只，可保拉担心会很(麻烦)。老人告诉她不是很麻烦，最重要的是要有(耐心)。

三、按照要求完成下面的任务

(一) 选词填空

1. 你说你就在商场门口，我(怎么)看不见你啊？ (怎么　怎样)
2. 谢谢你。不过我还有别的事情，(以后)再一起吃饭吧。 (以后　后来)
3. 几个星期(以前)，我的网友送给我一只宠物。 (以前　后来)
4. 我的邻居说养宠物不是很麻烦，(不过)一定要有耐心。 (所以　不过)
5. 我朋友的宠物好看是好看，(就是)肥了点儿。 (因为　就是)

(二) 把下面的词语连成句子

1. 抱　穿　纸盒子　毛衣　我　着　着
   我穿着毛衣，抱着纸盒子。
2. 联系　开会　正在　一会儿　再　我　吧　我们
   我正在开会，一会儿我们再联系吧。
3. 养　如果　宠物　就　耐心　要　有
   如果养宠物就要有耐心。
4. 是　就是　漂亮　贵　太　了　这个　漂亮　包
   这个包漂亮是漂亮，就是太贵了。

(三) 根据上下文完成对话

1. A：真不好意思，我来晚了。

   B：<u>没关系</u>，我们还没开始呢。

2. A：对不起，今天我有事，不能和你见面了。

   B：<u>好吧，那以后再说吧</u>。

3. A：养宠物很麻烦的。

   B：我知道。除了给它看病，<u>还得给它洗澡，带它散步什么的</u>。

4. A：如果没有经验的话，最好不要去那个地方。

   B：让你这么一说，<u>我都不敢去了</u>。

5. A：你知道吗？我最近在王府井买了件漂亮的衣服。

   B：那儿的衣服漂亮是漂亮，<u>就是太贵了</u>。

6. A：其实，我也很喜欢去酒吧玩儿。

   B：那就一起去吧，<u>有时候闲着也是闲着</u>。

四、用本课的"口语基本句"完成对话

1. A：真不好意思，<u>路上堵车，来晚了</u>。

   B：没关系，我们刚刚开始。

2. A：你也和我们一起去酒吧吧，<u>闲着也是闲着</u>。

   B：不去了，我晚上还要去看电影。

3. A：你要的字典我帮你买到了。

   B：<u>真是太谢谢你了</u>！

4. A：我看这些字并不怎么好看。

   B：<u>这你就外行了</u>。

5. A：你有急事，骑我的自行车吧，我走着去。

   B：<u>那多不好意思啊</u>。

6. A：有什么事就打电话。

   B：好的，<u>以后常联系吧</u>。

7. A：时间不早了，<u>我得走了</u>。

   B：那好吧，路上小心。

五、用本课的"口语格式"完成对话

1. A：我不喜欢养宠物，太麻烦了。

   B：我倒不觉得 养宠物有什么麻烦的 。

2. A：我不太想去那里旅游了。

   B：那里有很多名胜古迹， 如果有时间的话，我建议你还是去吧 。（有时间）

3. A：你感觉住在这个小区怎么样？

   B：舒服是舒服，就是交通不太方便 。

第九课

一、词语练习

（一）用"免不了"改写句子

1. 学外语刚开始一定会出错。　　→ 学外语刚开始免不了出错。
2. 刚来中国，会遇到很多困难。　　→ 刚来中国，免不了遇到很多困难。
3. 人在生病的时候，心情一般不好。　　→ 人在生病的时候，心情免不了不好。
4. 好朋友也会有矛盾。　　→ 好朋友也免不了有矛盾。
5. 他遇到不合理的事，总要说两句。　→ 他遇到不合理的事情，总免不了要说两句。

（二）用量词重叠形式改写句子

1. 他病了，我们班每个同学都去看他。→ 他病了，我们班同学个个都去看他。
2. 结婚以前，他每年都回家。　　→ 结婚以前，他年年都回家。
3. 一放假，他就每天在宿舍里看DVD。

   → 一放假，他就天天在宿舍里看DVD。
4. 一到圣诞节，所有的商店都打折。→ 一到圣诞节，商店家家都打折。
5. 这些铅笔每支都是新的。　　→ 这些铅笔支支都是新的。

部分练习参考答案

二、根据课文回答问题，然后连成一段话

(一) 1. 王红什么时候放假？　　　　　大概腊月二十二三。

　　2. 王红什么时候回家？　　　　　还没准儿呢，要看到时候能订上哪天的票。

　　3. 王红为什么不准备买年货？　　因为平时吃得很好，过年只是图个热闹。

王红大概腊月二十二三放假，她什么时候回家还没准儿呢，要看到时候能订上哪天的票。王红不准备买年货，因为现在平时吃得很好，过年只是图个热闹。

(二) 1. 张林为什么怕过年？　　　　　因为一到过年，亲朋好友在一块儿，免不了吃呀、喝呀。

　　2. 张林过年喝醉过没有？发生了什么事？　　他去年喝醉过，差点儿从楼上摔下去。

　　3. 现在的过年方式有什么改变？　　现在越来越多的人旅游过年了。

张林有些怕过年，因为一到过年，亲朋好友在一块儿，免不了吃呀、喝呀。他去年喝醉过，差点儿从楼上摔下去。传统的过年方式正在慢慢改变，现在越来越多的人旅游过年了。

(三) 1. 除夕人们一般做什么？　　　　除夕人们一般一起聊天儿、看春节联欢晚会、等着听新年的钟声。

　　2. 初一人们一般做什么？　　　　初一人们一般要拜年。

　　3. 拜年时人们一般说什么？　　　说一些祝福的话，比如"新年好""恭喜发财"等。

除夕人们一般一起聊天儿，看春节联欢晚会，等着听新年的钟声。初一人们一般要拜年，拜年时人们一般说一些祝福的话，比如"新年好""恭喜发财"等。

249

三、给下面的句子填上动词和结果补语

1. 老　师：请把门　关上　。

   学生1：老师，锁坏了，　关不上　。

   学生2：谁说的，没坏，　关得上　。

2. A：听说昨天你的自行车不见了，现在　找到了　吗？

   B：　没找到　，可能被小偷偷走了。

3. A：你学习这么差，北京大学肯定　考不上　。

   B：谁说的？你比我还差，都　考得上　，我为什么　考不上　？

4. A：去上海的车票　订得上　吗？

   B：现在又不是过年，肯定　订得上　。

5. A：昨天晚上我10点上床，12点才　睡着　，今天上课一点儿精神也没有。

   B：睡不着　真痛苦。

四、用本课的"口语基本句"完成对话

1. A：昨天差一点儿出交通事故。

   B：　太危险了　！

2. A：我们别总是去逛商店了，周末一起去爬山吧？

   B：　这倒是个好主意　。

3. A：你什么时候回国？

   B：　还没准儿呢　。

4. A：睡觉太晚对身体不好。

   B：　可不是嘛　。

5. A：假期　过得怎么样　？

   B：别提了，我假期生病了，哪儿也没去。

   A：　这样啊　。

五、用本课的"口语格式"完成对话

1. A：你什么时候开始学汉语的？

   B：　大概两年前吧　。

2. A：你喜欢看什么书？
   B：<u>我喜欢看文学书，比如小说呀、散文呀、报告文学呀等等</u>。
3. A：那个商场怎么样？
   B：<u>人多不说，东西还贵</u>。（人多，东西贵）
4. A：你喜欢爬山吗？
   B：<u>说实话，我不太喜欢，太累了</u>。（太累了）
5. A：去上海的票好买不好买？
   B：<u>快过年了，别提多难啦</u>！（难）

第十课

一、词语练习

（一）用"刚"改写句子

1. 他才到这儿一会儿。 → 他刚到。
2. 你才学了几句话，怎么就没信心了？ → 你刚学了几句话，怎么就没信心了？
3. 他才走了没有多长时间。 → 他刚走没多长时间。

（二）用"干脆"改写句子

1. 简单一点儿说吧，你到底同意不同意？ → 干脆一点儿吧，你到底同意不同意？
2. 你明天就别过来了，简单一点儿，在家里等我的电话吧。 → 你明天就别过来了，干脆在家等我的电话吧。
3. A：咱们明天骑车去，还是坐车去？
   B：简单一点儿，走着去吧。 → 干脆走着去吧。

二、根据课文回答问题，然后连成一段话

（一）1. 苏珊和比尔参加了一个婚礼，在婚礼上他们首先祝新郎、新娘什么？ 白头偕老。

2. 新郎、新娘谈恋爱谈了多长时间? 　　三年五个月零十六天。
3. 苏珊和比尔分别对新郎、新娘说了 　　苏珊说他们是"有情人终成眷
　　一句话，是什么? 　　属"，比尔说他们是"郎才
　　　　　　　　　　　　　　　　　　　女貌"。

苏珊和比尔参加了一个婚礼，在婚礼上他们首先祝新郎、新娘白头偕老。新郎和新娘谈恋爱谈了三年五个月零十六天，苏珊说他们是"有情人终成眷属"，比尔说他们是"郎才女貌"。

(二) 1. 按照课文，中国人的婚礼上 　　婚礼上一般有玫瑰花、香槟
　　　一般有什么东西? 　　酒、蛋糕等。
　　2. 中国人结婚时新郎、新娘的亲戚朋 　　要随礼，每个人不一样，多的
　　　友要做什么? 一般是多少钱? 　　随几千元，少的随几百元。

中国人的婚礼上一般有玫瑰花、香槟酒、蛋糕等，中国人结婚时新郎、新娘的亲戚朋友要随礼，多少钱每个人不一样，多的随几千元，少的随几百元。

(三) 1. 张林觉得结婚需要什么? 　　张林觉得结婚需要房子。
　　2. 王红觉得结婚还需要什么? 　　王红觉得需要装修，买家具、
　　　　　　　　　　　　　　　　　　　电器，照婚纱照，办酒席请
　　　　　　　　　　　　　　　　　　　客，等等。
　　3. 张林认为旅行结婚有什么好处? 　　一来不用办酒席那么累，二来
　　　　　　　　　　　　　　　　　　　可以出去好好儿玩儿玩儿。

张林觉得结婚需要房子，王红觉得结婚还需要装修，买家具、电器，照婚纱照，办酒席请客，等等。张林认为旅行结婚不错，一来不用办酒席那么累，二来可以出去好好儿玩儿玩儿。

三、按照要求完成下面的任务

(一) 在下面的横线上填上适当的词语

1. 一朵 _玫瑰_ 　　一朵 _牡丹_ 　　一朵 _菊花_

部分练习参考答案

2. 切 __蛋糕__　　　切 __菜__　　　切 __豆腐__
   切 __牛肉__

3. 一 __块__ 蛋糕　　一 __瓶__ 香槟酒　　一 __笔__ 存款
   一 __件/套__ 家具

(二) 选词填空

酒席　考虑　亲戚　精神　心意　赶快

1. 最近，我家 __亲戚__ 的一个孩子考上了名牌大学。
2. 天越来越黑了，我们 __赶快__ 出发吧。
3. 是不是要参加这次会议，我得 __考虑__ 一下。
4. 这家餐馆在这一带已经很有名气了，附近的很多人都到这里来预订 __酒席__ 。
5. 虽然昨天晚上没睡觉，但今天他还是显得很 __精神__ 。
6. 这是我们的一片 __心意__ ，请你收下吧。

(三) 把下面的词语连成句子

1. 睡……觉　半天　他　起来　了　才
   他睡了半天觉才起来。
2. 干脆　了　去　别　你
   你干脆别去了。
3. 着呢　地方　那个　远
   那个地方远着呢。
4. 的　着呢　热　夏天　北京
   北京的夏天热着呢。

四、用本课的"口语基本句"完成对话

1. A：今天来了这么多人， __真热闹呀__ ！
   B：是啊，您需要点儿什么？我帮您拿。
2. A：这是我送给你们的结婚礼物， __祝你们白头偕老__ ！
   B：谢谢！

253

3. A：我们是谈了五年恋爱才结婚的。

   B：这真是 __有情人终成眷属__ 。

4. A：我们什么时候去旅行啊？

   B：__再考虑考虑吧__，最近我有点儿忙。

5. A：这儿有烟、有酒，__请随意__。

   B：谢谢！

6. A：我还有事，__失陪了__。

   B：不必客气，你忙你的吧。

五、用本课的"口语格式"完成对话

1. A：你看，这里有湖、有塔，还有一片草地，……

   B：__真美呀__！

2. A：昨天的晚会上，你们都干什么了？

   B：__我们又唱歌，又跳舞，还喝了不少酒__。

3. A：在外面找旅馆住又贵又不方便，__干脆来我家住吧__。

   B：真是太谢谢你了！

第十一课

一、词语练习

（三）用"关键"改写句子

1. 学好汉语最重要的一点是多听多说。 → 学好汉语的关键是多听多说。
2. 信心是成功最主要的原因。 → 信心是成功的关键原因。
3. 现在最重要的就是他的态度了。 → 现在关键是他的态度了。

二、根据课文回答问题，然后连成一段话

（一）1. 苏珊和保拉在谈论什么？　　她们在谈论苏珊的打扮。

2. 保拉对苏珊的穿着有什么看法？　　保拉觉得不好看，有点儿受不了。

3. 苏珊觉得自己的穿着怎么样？　　苏珊认为自己的打扮很有个性。

4. 苏珊在乎别人对她穿着的看法吗？　　不在乎。

苏珊和保拉在谈论苏珊的打扮。保拉觉得苏珊的穿着不好看,有点儿受不了。苏珊却认为自己的打扮很有个性,而且她不在乎别人对她穿着的看法。

(二) 1. 丈夫和妻子要去做什么?　　　　他们要去参加画展开幕式。
2. 妻子对丈夫的穿着怎么看?　　　妻子觉得丈夫太不在意穿着了。
3. 妻子对穿着怎么样?　　　　　　妻子对穿着精益求精。
4. 丈夫最后同意怎么做?　　　　　丈夫最后同意听妻子的,换条裤子,系上领带。

丈夫和妻子要去参加画展开幕式,妻子觉得丈夫太不在意穿着了,妻子对穿着精益求精。最后丈夫同意听妻子的,换条裤子,系上领带。

(三) 1. 保拉为什么总是觉得没有衣服穿?　因为她不会搭配。
2. 王红总是穿得很漂亮,她的衣服　不,她的很多衣服都是旧的,有些
　都是新的吗?　　　　　　　　　已经穿了十来年了。
3. 王红喜欢什么颜色的衣服?为什么?王红喜欢黑色的衣服,因为她觉得
　　　　　　　　　　　　　　　　　黑色的衣服不会过时,而且黑色容
　　　　　　　　　　　　　　　　　易和别的颜色搭e配。

保拉总是觉得没有衣服穿,因为她不会搭配。王红总是穿得很漂亮,不过她的很多衣服都是旧的,有些已经穿了十来年了。王红喜欢黑色的衣服,因为她觉得黑色的衣服不会过时,而且黑色容易和别的颜色搭配。

三、按照要求完成下面的任务

(一) 在下面的横线上填上适当的词语

1. 一副　眼镜　　　一副　手套　　　一副　球拍
2. 一　条　裙子　　一　件　衬衫　　一　条　领带
　　一　个/则　笑话
3. 系　领带　　　　系　鞋带　　　　系　扣子

255

（二）选词填空

　　　　个性　操心　照样　参加　在意　搭配　便宜

1. 你看我买的这件衣服不错吧，款式好，而且很 __便宜__ 。
2. 妈妈，我的事我自己可以处理好，不用您替我 __操心__ 了。
3. 他这个人总是很有主意，非常有 __个性__ 。
4. 我想把这个包买下来，和我的那件衣服 __搭配__ 。
5. 虽然身体不太舒服，可他 __照样__ 6点就起床了。
6. 明天晚上我们班有一个晚会，你也来 __参加__ 吧。
7. 他还是个孩子，他说的话你别太 __在意__ 。

（三）把下面的词语连成句子

1. 吃　饭　呀　还　什么　吧　走　快
   还吃什么饭呀，快走吧。
2. 这么　我　的　生活　紧张　受不了
   这么紧张的生活我受不了。
3. 工作　受不了　我　了　太　多
   工作太多了，我受不了。
4. 精神　生病了　他　怪不得　没有
   他生病了，怪不得没有精神。

四、用本课的"口语基本句"完成对话

1. A：你怎么穿成这样了？ __真拿你没办法__ 。
   B：那有什么呀？我自己喜欢就行了。
2. A：这回你知道为什么我们都不去了吧？
   B：__原来是这样__ 。
3. A：我们今天去颐和园吧？
   B：__好吧，听你的__ 。
4. A：__你看你__ ，把房间弄得这么乱。
   B：没什么，一会儿收拾一下就行了。

5. A：你是不是喜欢上小林了？

   B：<u>这就不用你操心了</u>。

五、用本课的"口语格式"完成对话

1. A：如果忘了带什么东西，我们再回来取吧。

   B：<u>你真是不怕麻烦</u>。（不怕麻烦）

2. A：你一定要今天看完这本书吗？明天再看不行吗？

   B：<u>不行，就算今天晚上不睡觉，我也要看完这本书</u>。（不睡觉）

3. A：他已经从那个房间里搬出来了。

   B：<u>原来是这样，我说那个房间怎么总是没人</u>。

第十二课

一、词语练习

(三) 用"反正"改写句子

1. 不管别人怎么说，我都认为这样的晚会还是越少越好。

   → 不管别人怎么说，反正我认为这样的晚会越少越好。

2. 别人怎么看，我不管，我觉得应该告诉他这件不愉快的事。

   → 别人怎么看，我不管，反正我要告诉他这件不愉快的事。

3. 随便别人怎么说，但是我现在不同意这件事的处理方法。

   → 随便别人怎么说，反正我不同意这件事的处理方法。

(四) 用"净"改写句子

1. 他的房间里全都是书。　　　　→ 他的房间里净是书。

2. 我的衣柜里全都是红色的衣服。→ 我的衣柜里净是红色的衣服。

3. 他总是说那些没用的话。　　　→ 他净说些没用的话。

二、根据课文回答问题，然后连成一段话

（一）1. 保拉为什么坚持要在下雨时出去散步？　　因为她觉得下雨时空气好。

2. 保拉和苏珊发现学校的环境有什么变化？　　原来的几片空地现在都变成草坪了。

3. 后来苏珊为什么对保拉说"我错了"？　　一开始，苏珊不想下雨时散步，后来她发现保拉说得对，下雨的时候空气就是清新，所以她对保拉说"我错了"。

　　保拉坚持要在下雨时出去散步，因为她觉得下雨时空气好。散步时，保拉和苏珊发现学校里原来的几片空地现在都变成草坪了。一开始，苏珊不想下雨时散步，后来她发现保拉说得对，下雨的时候空气就是清晰，所以她对保拉说"我错了"。

（二）1. 天气预报说明天天气怎么样？　　明天有沙尘暴。

2. 去年沙尘暴的时候什么样？　　去年沙尘暴的时候，桌子上、窗台上都是土，出去回来鞋上、衣服上也都是土。

3. 现在沙尘暴减少了吗？为什么？　　现在沙尘暴减少了很多，因为人们越来越重视沙尘暴的治理了。

　　天气预报说明天有沙尘暴。去年沙尘暴的时候，桌子上、窗台上都是土，出去回来鞋上、衣服上也都是土。现在沙尘暴减少了很多，因为人们越来越重视沙尘暴的治理了。

（三）1. 上周末王红干什么去了？　　她跟同学一起去郊区植树了。

2. 食堂有什么环保的措施？　　一次性筷子都不用了，一次性餐盒也换成环保型的了。

3. 为了环保人们还做了哪些事情？　　垃圾分类、不用塑料袋、增加绿地，等等。

上周末王红跟同学一起去郊区植树了。现在中国人越来越重视环保了，在食堂，一次性筷子都不用了，一次性的餐盒也换成环保型的了，为了环保人们还做了很多事情，比如垃圾分类、不用塑料袋、增加绿地，等等。

三、按照要求完成下面的任务

（一）在下面的横线上填上适当的词语

1. <u>去</u> 一趟　　<u>跑</u> 一趟　　<u>走</u> 一趟
   <u>来</u> 一趟　　<u>拉</u> 一趟

2. 一场 <u>雨</u>　　一场 <u>雪</u>　　一场 <u>大风</u>
   一场 <u>沙尘暴</u>

3. 一 <u>个</u> 垃圾筒　　一 <u>个</u> 口袋　　一 <u>块/片</u> 绿地
   一 <u>块</u> 草坪　　一 <u>片</u> 空地

（二）选词填空

　　治理　　环境　　环保

1. 你在中国生活了一年了，你觉得中国的生活和学习 <u>环境</u> 怎么样？
2. 经过十多年的 <u>治理</u> ，这条河终于又有鱼了。
3. 现在大部分的市政府都非常重视 <u>环保</u> 。

四、用本课的"口语基本句"完成对话

1. A：我们到大海深处游泳吧。
   B：<u>不是吧</u>！

2. A：希望世界上永远没有战争和灾害。
   B：是啊，<u>那该多好啊</u>！

3. A：你怎么能这么做啊？太没有原则了。
   B：<u>我错了，还不行吗</u>？

4. A：真希望他能拿到冠军。
   B：<u>我相信会有那么一天的</u>。

五、用本课的"口语格式"完成对话

1. A：你昨天还说你以后可以准时到，为什么今天就迟到了？

   B：我错了，<u>我改还不行吗</u>？

2. A：我怎样才能写好汉字呢？

   B：只要你肯多练习，<u>就一定能写好</u>。

3. A：听说他们全家都会唱京剧。

   B：正因为他们全家都会唱京剧，<u>他才这么年轻就唱得那么好</u>。

4. A：他的汉语很流利。

   B：真羡慕啊，<u>我的汉语要是那么流利该多好啊</u>！

综合练习题（二）

第一部分　书面题

一、选择合适的词语填空

1. A　　2. B　　3. A　　4. C　　5. A

6. B　　7. B　　8. A　　9. C　　10. A

二、选择合适的句子填空

1. 管用吗　　　　2. 那该多好啊　　　　3. 这你就外行了

4. 还没准儿呢　　5. 告诉你一个好方法吧　6. 原来是这样

7. 那多不好意思啊　8. 再考虑考虑吧　　　9. 太危险了

10. 你注意安全啊

三、用指定格式完成句子

1. 你有这么好的主意，<u>干吗不早告诉我</u>？　　　　　　　　（干吗）

2. 这是你的吉他？<u>看不出来你还会弹吉他。/看不出来你还懂音乐</u>。

（看不出来你还……）

3. 原来他最近住院了，<u>怪不得这些天没有看见他</u>。　　　（怪不得）

4. 我没告诉你这件事，<u>　倒不是怕你生气，而是觉得没有必要　</u>。

(倒不是……而是……)

5. 这个饭馆<u>　好吃是好吃，就是人太多　</u>，我们还是去别的地方吧。

(A 是 A，就是……)

四、用指定格式改写句子

1. 这件事情还没准儿呢。
2. 正因为喜欢中国文化，我才学习汉语。
3. 晚上他们在宿舍里又唱歌，又跳舞，还打牌。
4. 那天他接到爸爸的来信，别提多高兴了。
5. 喝酒伤身体不说，有时候还会丢人。

五、用指定格式完成对话

1. A：你是什么时候去的美国？

   B：<u>　大概四五年以前吧　</u>。（大概……吧）

2. A：你喜欢在这里生活吗？

   B：<u>　说实话，我觉得这里有点儿无聊　</u>。（说实话）

3. A：你为什么每天都来这里打球？

   B：<u>　一来是为了锻炼身体，二来是这里费用很便宜　</u>。

   (一来……，二来……)

4. A：这么冷的天气你还穿裙子，真是奇怪。

   B：<u>　这有什么奇怪的？为了漂亮嘛　</u>。（有什么……的）

5. A：今年夏天你去不去旅游？

   B：<u>　我想去，就算没有时间，我也要去　</u>。（就算……也……）

6. A：北京的环境最近怎么样？

   B：<u>　不错，就拿街道来说吧，现在非常干净　</u>。（就拿……来说吧）

7. A：你怎么晚上不回来也不告诉我们啊？

   B：<u>　我错了还不行吗？以后一定打电话回来　</u>。（……还不行吗）

261

8. A：我还能不能打好网球啊?

   B：<u>只要你坚持打下去，就一定能够打好</u>。（只要……就……）